职业教育新能源汽车专业"互联网+"创新型教材

新能源汽车动力蓄电池及管理系统检修

主编 李仕生 张 静
参编 张 科 白 云 白云生 杨俊伟

机械工业出版社

本书有 4 个项目，共 9 个学习任务，主要内容包括新能源汽车电源系统认知，动力蓄电池的结构、原理与检修，蓄电池管理系统的结构、原理与检修，动力蓄电池冷却系统认知与维护。本书以近年来针对中、高职学生开展的国家级（包括教育部、交通部、人社部等）新能源汽车维修赛项所使用的吉利和比亚迪的纯电动汽车主流车型为例，以掌握电动汽车的主流技术及其检修方法为主要出发点，对新能源汽车动力蓄电池的构造与检修进行了全方位的讲解，并将职业技能等级证书的职业标准有机地融入书中。本书配有大量的实车图片，并配备了大量的实车技能操作视频及微课，读者可通过手机扫描书中二维码观看，方便读者理解相关知识，以便更深入地学习。本书配有任务工单，方便进行实操练习。

本书可作为职业院校新能源汽车技术和汽车运用与维修技术及相关专业的教学用书，也可作为新能源汽车企业的内部培训用书和新能源汽车从业人员的学习参考书。

本书配有电子课件、试卷及答案等，**凡使用本书作为教材的教师**可登录机械工业出版社教育服务网（www.cmpedu.com）注册后免费下载。咨询电话：010-88379375。

图书在版编目（CIP）数据

新能源汽车动力蓄电池及管理系统检修/李仕生，张静主编. —北京：机械工业出版社，2022.8（2024.7重印）

职业教育新能源汽车专业"互联网+"创新型教材

ISBN 978-7-111-71269-5

Ⅰ.①新… Ⅱ.①李… ②张… Ⅲ.①新能源-汽车-蓄电池-检修-高等职业教育-教材 Ⅳ.①U469.720.7

中国版本图书馆 CIP 数据核字（2022）第 133702 号

机械工业出版社（北京市百万庄大街 22 号　邮政编码 100037）
策划编辑：葛晓慧　　　　　责任编辑：葛晓慧　张双国
责任校对：陈　越　刘雅娜　封面设计：王　旭
责任印制：刘　媛
涿州市般润文化传播有限公司印刷
2024 年 7 月第 1 版第 2 次印刷
210mm×285mm・9 印张・242 千字
标准书号：ISBN 978-7-111-71269-5
定价：42.00 元

电话服务　　　　　　　　　网络服务
客服电话：010-88361066　　机　工　官　网：www.cmpbook.com
　　　　　010-88379833　　机　工　官　博：weibo.com/cmp1952
　　　　　010-68326294　　金　书　网：www.golden-book.com
封底无防伪标均为盗版　机工教育服务网：www.cmpedu.com

前言

目前，新能源汽车是战略性新兴产业之一，发展新能源汽车是中国由汽车大国迈向汽车强国的必由之路，中国新能源汽车产业已由导入期迈入成长期。重庆工业职业技术学院借助国家"双高"院校建设项目组织教师和企业人员成立新能源汽车课程研发小组，编写了这套职业教育新能源汽车专业"互联网+"创新型教材，包括《新能源汽车动力蓄电池及管理系统检修》《新能源汽车驱动电机及控制系统检修》《新能源汽车充电系统构造与检修》《新能源汽车高压安全与防护技术》以及相应任务工单。

本书采用学习任务导入模式，将企业一线的案例与知识内容相结合，融入感强、教学效果好，以培养严谨细致的具有工匠精神的新能源汽车技术人才为目标，为我国早日步入汽车强国之列添砖加瓦。本书以近年来针对中、高职学生开展的国家级（包括教育部、交通部、人社部等）新能源汽车维修赛项所使用的吉利和比亚迪的纯电动汽车主流车型为例，以掌握电动汽车的主流技术及其检修方法为主要出发点，对新能源汽车动力蓄电池的构造与检修进行了全方位的讲解。本书共有4个项目，分别是新能源汽车电源系统认知，动力蓄电池的结构、原理与检修，蓄电池管理系统的结构、原理与检修，动力蓄电池冷却系统认知与维护。每个项目由若干学习任务组成，学习任务包括任务描述、学习目标与相关知识3部分。在编写过程中，编者们深入新能源汽车维修一线，收集、整理了关于新能源汽车动力蓄电池及管理系统的常见故障及维修案例，选取了其中的典型故障案例进行分析，对学生掌握排除故障的方法具有引导和示范作用，同时便于教师更好地完成教学。另外，本书配备学习工作页，任务工单对应每个学习任务。每个学习工作页以任务准备、任务实施、任务评价为主线，结合理论内容进行实践操作，形成理论一体化的教学模式。

本书依据教育部颁布的专业教学标准中每门课程的主要教学内容和要求，结合职业技能等级证书的职业标准中对新能源汽车蓄电池及管理系统的结构及原理认知、故障诊断与维修技能的掌握要求，将知识与技能有机地结合在一起，所涉及的工作任务紧扣工作需要，合理设置理论教学和技能训练的课时比例，实现"教、学、做"合一，增强了教材的实用性。

本书由重庆工业职业技术学院李仕生、张静担任主编，参加编写的还有重庆工业职业技术学院张科、白云，重庆五一职业技术学院白云生及深圳风向标教育资源股份有限公司杨俊伟。具体编写分工如下：张静、白云编写学习项目一；张静编写项目二；李仕生、张科编写项目三；白云生编写项目四；杨俊伟在编写过程中帮助整理资料及完成稿件统稿校对工作。

本书在编写过程中得到了深圳风向标教育资源股份有限公司和浙江吉利汽车销售有限公司的技术支持，在此表示感谢。

由于编者水平和经验有限，书中难免存在错误和疏漏，恳请广大读者批评指正。

编　者

二维码索引

新能源汽车动力蓄电池及管理系统检修

名称	二维码	页码	名称	二维码	页码
动力蓄电池铭牌参数的识读		13	单体电池圆柱形结构		30
DC/DC 变换器		18	锂离子蓄电池的工作原理		35
动力蓄电池安装位置		19	三元锂离子蓄电池		37
动力蓄电池的组成		20	燃料电池结构		38
动力蓄电池形成过程		21	燃料电池的工作原理		39
高压维修开关		23	固态蓄电池		44
高压维修开关结构		24	高压维修开关的拆卸		47
铅酸蓄电池		26	比亚迪 e5 动力蓄电池的拆装		47

（续）

名称	二维码	页码	名称	二维码	页码
蓄电池管理系统的功用		51	风冷式动力蓄电池冷却系统		75
蓄电池管理系统硬件拓扑结构		52	水冷式动力蓄电池冷却系统		76
蓄电池采集器结构展示		52	压缩机结构与原理		76
蓄电池管理器数据采集组成		52	动力蓄电池冷却系统组成		77
蓄电池管理系统的工作模式		53	膨胀水箱作用		78
蓄电池管理系统高压接触器结构		54	电动水泵		79
蓄电池管理系统控制框图		57	电动风扇工作原理		80
被动均衡		60	冷却液温度传感器工作原理		81
主动均衡		60	蓄电池冷却换热器结构		81
蓄电池管理系统加热管理功能		64	PTC加热器结构		82
霍尔传感器工作原理		65	动力蓄电池冷却系统工作原理		83

课堂笔记

目 录

前言
二维码索引

项目一　新能源汽车电源系统认知 ……………………………………………………… 1
学习任务一　新能源汽车和动力蓄电池发展趋势认知 ……………………………………… 1
学习任务二　新能源汽车对动力蓄电池的性能要求认知 …………………………………… 6
学习任务三　新能源汽车电源系统的组成认知 ……………………………………………… 14

项目二　动力蓄电池的结构、原理与检修 …………………………………………… 25
学习任务一　动力蓄电池的结构及工作原理 ………………………………………………… 25
学习任务二　动力蓄电池组的拆卸与检测 …………………………………………………… 45

项目三　蓄电池管理系统的结构、原理与检修 ……………………………………… 50
学习任务一　蓄电池管理系统认知 …………………………………………………………… 50
学习任务二　蓄电池管理系统的控制策略 …………………………………………………… 59

项目四　动力蓄电池冷却系统认知与维护 …………………………………………… 73
学习任务一　动力蓄电池冷却系统认知 ……………………………………………………… 73
学习任务二　动力蓄电池冷却系统维护 ……………………………………………………… 84

参考文献 ……………………………………………………………………………………… 94

任务工单

项目一 新能源汽车电源系统认知

由于石油资源的日益减少和对环境的严重污染,世界各国都开始关注新能源汽车的发展。我国在 2012 年制定了《节能与新能源汽车产业发展规划(2012—2020 年)》,并在 2015 年确定了新能源汽车 10 年发展路线图。在上述规划中,明确了将新能源汽车,尤其是纯电动汽车作为我国"弯道超车"赶超发达国家汽车行业的主要发展方向。电动汽车的核心动力来源于动力蓄电池,动力蓄电池的性能是决定电动汽车动力性能的根本因素。

通过本项目的学习,学生应能了解新能源汽车及动力蓄电池的现状、发展趋势;知道新能源汽车动力蓄电池的类型、性能参数以及新能源汽车对动力蓄电池的相关要求。

学习任务一 新能源汽车和动力蓄电池发展趋势认知

 任务描述

公司将对新招聘的一批新能源汽车维修学徒工进行新能源汽车构造与检修方面的知识与技能培训,领导给技术人员小王安排的是讲授新能源汽车动力蓄电池的发展趋势,他应该准备什么内容呢?

学习目标

1)知道新能源汽车与传统内燃机汽车的动力源的区别。
2)能够说出新能源汽车和动力蓄电池的发展趋势。
3)能够说出新能源汽车电源系统的组成。
4)提升学生人文素养,培养学生认真学习、不断探索的精神。
5)培养学生的工匠精神,能够用发展的眼光来提出问题和解决问题。

 情境与问题

2020 年是"十三五"收官之年,这一年,新冠肺炎疫情在全球肆虐,国际环境错综复杂,世界经济陷入低迷期,全球产业链和供应链面临重塑,不稳定性、不确定性明显增加。

我国积极出台各类政策措施,稳定和扩大汽车消费,汽车产业顶住了疫情冲击,产销形势加速向好,展现出了强大的韧性。

2020 年,国家发布《新能源汽车产业发展规划(2021—2035 年)》,出台《关于修改〈乘用车企业平均燃料消耗量与新能源汽车积分并行管理办法〉的决定》,开展新能源汽车下乡系列活动,推动公共领域用车电动化、燃料电池汽车示范应用。我国新能源汽车产销量呈高速增长态势,全年销量 136.7 万辆,同比上年增长 10.9%,连续六年位居全球第一,动力蓄电池、电驱动等关键零部件技术指标持续提升，成为全球汽车产业电动化转型的重要驱动力。

为什么在全球汽车产业销量明显下滑的趋势下，新能源汽车却能保持逆势上升趋势呢？它与传统内燃机汽车的主要区别在哪里？

相关知识

一、新能源汽车与传统内燃机汽车的动力源区别

（一）新能源汽车的定义和分类

《节能与新能源汽车产业发展规划（2012—2020年）》中给新能源汽车下的定义：新能源汽车是指采用新型动力系统，完全或主要依靠新型能源驱动的汽车。

新能源汽车主要包括纯电动汽车、混合动力电动汽车、燃料电池电动汽车及其他新能源汽车。

1. 纯电动汽车

纯电动汽车是驱动能量完全由电能提供、由电机驱动的汽车。它用动力蓄电池作为储能动力源，通过蓄电池向电动机提供电能，驱动电动机运转，从而驱动汽车行驶。

2. 混合动力电动汽车

混合动力电动汽车是指能够至少从可消耗的燃料、可再充电能/能量存储装置这两类车载储存的能量中获得动力的汽车。其行驶功率依据实际的车辆行驶状态由单个驱动系统单独提供或多个驱动系统共同提供。因各个组成部件、布置方式和控制策略的不同，混合动力电动汽车有串联、并联和混联等多种形式。

3. 燃料电池电动汽车

燃料电池电动汽车是以燃料电池系统作为单一动力源或者是以燃料电池系统与可充电储能系统作为混合动力源的电动汽车。燃料电池与蓄电池的主要区别是燃料电池只能产生电能，而不能储存电能。

（二）传统内燃机汽车的动力源

传统内燃机汽车的动力来源于汽油或柴油与空气混合后燃烧产生的能量。汽油或柴油与空气的混合气燃烧后，燃气的压力作用于发动机气缸内的活塞顶部，推动活塞做往复直线运动，活塞通过连杆带动曲轴转动，发动机曲轴末端飞轮转动的动力经过离合器和变速器，由变速器变矩、变速后，经传动轴把动力传递到主减速器上，最后通过差速器和半轴把动力传递到驱动轮上。图1-1-1所示为传统内燃机汽车的动力传递示意图。

图1-1-1 传统内燃机汽车的动力传递示意图

（三）电动汽车与传统内燃机汽车动力源的区别

目前人们所说的电动汽车多指纯电动汽车，它利用蓄电池作为储能动力源，通过蓄电池向电动机提供电能，驱动电动机运转，从而带动汽车前进或后退。

电动汽车主要由电力驱动控制系统（即电动汽车的动力系统）、汽车底盘、车身以及各种电器装置等组成。从外形结构上看，电动汽车与日常见到的内燃机汽车没有区别，区别主要在于动力源及驱动系统，即纯电动汽车的电动机相当于传统汽车的发动机，蓄电池相当于燃油箱，功能等同于传统汽车中的燃料、发动机与变速器组成的动力系统。除了电力驱动控制系统外，其他部分的功能及其结构、组成基本与传统汽车相同，有些部件根据所选的驱动方式不同，已被简化或省略。所以电力驱动控制系统决定了整个纯电动汽车的结构、组成及其性能特征，也是纯电动汽车的核心，这是纯电动汽车区别于传统内燃机汽车的最大不同点。

纯电动汽车使用铅酸蓄电池、镍镉蓄电池、镍氢蓄电池或锂离子蓄电池等可充电动力蓄电池作为唯一能量源，为车辆运转提供动力。

纯电动汽车的工作原理如图 1-1-2 所示，动力蓄电池提供电能，通过 DC/AC 变换器（电机控制器）驱动电动机转动，电动机将蓄电池的电能转化为机械能，通过传动装置或直接驱动车轮转动。该类汽车对蓄电池的性能要求很高，为保证汽车加速性能、爬坡度和较长的行驶里程，所选用的动力蓄电池应该有足够大的存储容量、较高的比能量和比功率。现在乘用车普遍使用的动力蓄电池是磷酸铁锂离子蓄电池和三元锂离子蓄电池，存在价格高、使用寿命短、外形尺寸和质量大、充电时间长、能量密度需要提升等缺点。

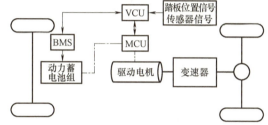

图 1-1-2 纯电动汽车的工作原理

（四）混合动力电动汽车与传统内燃机汽车动力源的区别

混合动力电动汽车兼具了传统内燃机汽车和电动汽车的两类动力源，其行驶功率依据实际的车辆行驶状态由单个驱动系统单独或共同提供。通常所说的混合动力电动汽车，一般是指油电混合动力电动汽车（HEV），即采用传统的内燃机（柴油机或汽油机）和电动机作为动力源。

根据混合动力驱动的连接方式，一般把混合动力电动汽车分为 3 类。

（1）串联式混合动力电动汽车（SHEV） 其动力系统由动力蓄电池、DC/AC 变换器、电动机、发电机、发动机组成，其结构简图如图 1-1-3 所示。在此系统中，动力蓄电池和发动机通过发电机发出的电能都通过 DC/AC 变换器输送给电动机，由电动机驱动汽车行驶，其动力传递线路如图 1-1-4 所示。

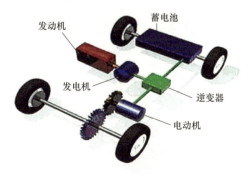

图 1-1-3 串联式混合动力电动汽车动力系统结构简图

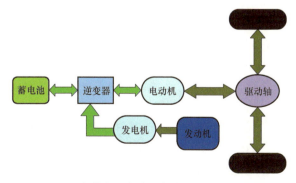

图 1-1-4 串联式混合动力电动汽车动力传递线路

串联式动力系统总体结构比较简单，易于控制，只有电动机的电力驱动系统，其特点更加趋近于纯电动汽车，但在发动机-发电机-电机驱动系统中的热能-电能-机械能的能量转换过程中，能量损失较大，一般常用于大型混合动力客车上。

串联式混合动力驱动电机运转的电量主要来源于发动机的工作，所以对其动力蓄电池的性能要求并不高。

（2）并联式混合动力电动汽车（PHEV） 其动力系统结构简图如图1-1-5所示。其中，发动机和电动机都是动力总成，两大动力总成的功率可以相互叠加输出，也可以单独输出。发动机和电动机通过不同的离合器来驱动车轮，可以采用发动机单独驱动、电动机单独驱动，或者发动机和电动机混合共同驱动3种工作模式，其动力传递线路如图1-1-6所示。此外，当发动机提供的功率大于车辆所需驱动功率或者车辆制动时，电动机变成发电机，给动力蓄电池充电。

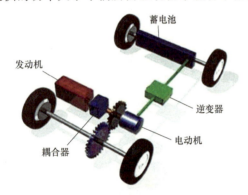

图1-1-5 并联式混合动力电动汽车动力系统结构简图

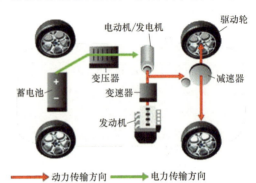

图1-1-6 并联式混合动力电动汽车动力传递线路

并联式动力系统与串联式动力系统不同的是，无须另外配置发电机，与串联式动力系统相同的是都对动力蓄电池的性能要求不高，蓄电池成本低。

（3）混联式混合动力电动汽车（PSHEV） 它是综合了串联式和并联式的结构而组成的电动汽车，主要有发动机、电动机/发电机和驱动电机三大动力总成。

混联式混合动力电动汽车动力传递线路如图1-1-7所示，发动机发出的功率一部分通过机械传动输送给驱动桥，另一部分则驱动发电机发电。发电机发出的电能输送给驱动电机或动力蓄电池，驱动电机产生的驱动力矩通过动力复合装置传送给驱动桥。混联式动力系统的电动机和发动机配合更加默契，能够适应的工况更多，节油效果更加出色。相对于串联式动力系统和并联式动力系统，混联式动力系统对动力蓄电池的性能要求较高。

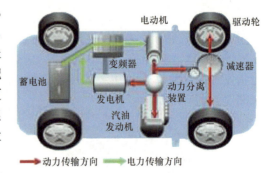

图1-1-7 混联式混合动力电动汽车动力传递线路

综上所述，3种混合动力电动汽车运转的主要能量来源于燃烧汽油或柴油的发动机，对动力蓄电池存储的电量要求不高。

（五）燃料电池电动汽车与传统内燃机汽车动力源的区别

燃料电池电动汽车与纯电动汽车的电力驱动系统是相同的，只是蓄电池系统与纯电动汽车的蓄电池系统不同。一般电动汽车蓄电池的活性物质储存在蓄电池内部，而燃料电池工作时燃料和氧化剂由外部源源不断地供入蓄电池内部，在蓄电池内部正、负极催化剂的辅助下发生电化学反应，生成电能。燃料电池电动汽车的动力系统结构形式与其他纯电动汽车是完全相同的。

图 1-1-8 所示为燃料电池电动汽车的工作原理。

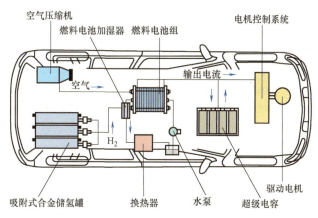

图 1-1-8　燃料电池电动汽车的工作原理

二、动力蓄电池的发展趋势

在新能源汽车用动力源方面主要有 4 种技术路线：锂离子电池、氢燃料电池、超级电容和铝空气蓄电池。其中，锂离子蓄电池、超级电容和氢燃料电池都已得到了应用，而铝空气蓄电池尚处于实验室研究阶段。能源补给方面，锂离子蓄电池、超级电容适用于纯电动汽车，但是需要外部充电，而氢燃料电池需要从外部加注氢气，铝空气蓄电池则需要补充铝板和电解液。就目前来看，锂离子蓄电池在相当长的一段时间内还会占据主要发展空间。4 种技术路线优、劣势对比见表 1-1-1。

表 1-1-1　4 种技术路线优、劣势比较

技术路线	优势	劣势	应用
锂离子蓄电池	比能量高 循环性能高 无记忆效应 环保无污染	初期购置成本高 充电时间长	用于 300km 以内的短途纯电动汽车
氢燃料电池	比能量高 功率密度高 环保无污染	系统复杂 氢基础设施建设落后	氢燃料电池环保性能高，适合于客车和重载货车等商用车，且具有行驶里程长的特点
超级电容	功率密度高 充电时间短 使用寿命长	能量密度太低	续驶里程短，不能作为电动汽车的主电源，大多作为辅助电源，用于快速起动装置和制动能量回收装置
铝空气蓄电池	价格便宜 能量密度高 质量小 体积小	存在空气电极极化和氢氧化铝沉降等问题 功率密度低	目前处于实验室阶段

1. 锂离子蓄电池

锂离子蓄电池具有高能量密度的关键在于材料，三元材料将成为主流的正极材料体系，石墨与软碳等具备不同特性的负极材料混合应用也将成为负极材料的主流体系。另外，石墨烯在我国已经开始进入中期试验阶段，量产后会大幅度提高蓄电池的能量密度水平及使用寿命。从安全角度考虑，磷酸铁锂离子蓄电池要优于其他种类蓄电池。从正极材料来讲，磷酸铁锂材料不仅是研究关注的重点，也是产业化的重点。如果将高镍材料与石墨类材料匹配，同时与薄型改性的隔膜涂层结合，能量密度可以达到 300Wh/kg。从负极材料来讲，石墨类的材料已经是很

成熟的产品,未来则以硅碳作为研发重点。

2. 氢燃料电池

氢燃料电池是将化学能转化为电能的发电装置,不是通常所说的"蓄电池",其能量主要由不断供给的燃料及氧化剂产生,其能量转换效率高、无污染、使用寿命长、运行平稳,被业界公认为是未来汽车的最佳能源。

3. 超级电容

超级电容是一种介于传统电容与蓄电池之间的电源元件,功率密度高达500W/kg,是普通蓄电池的5~10倍。它主要依靠双电层和氧化还原电容电荷储存电能,其间不发生化学反应,因此被归为物理蓄电池的范畴。相比化学蓄电池,超级电容有3个明显优势:

1)反复充、放电次数可达10万次(传统化学蓄电池只有几百至几千次),使用寿命比化学蓄电池长很多。

2)超级电容在充、放电时的功率密度极高,瞬间可放出大量电能,可满足车辆宽泛的电力需求。

3)工作环境适应能力更佳,通常室外温度在-40~65℃时,超级电容能稳定、正常地工作(传统蓄电池一般为-20~60℃)。

4. 铝空气蓄电池

铝空气蓄电池用高纯度铝(Al)(含铝99.99%)做负极,用氧做正极,用氢氧化钾(KOH)或氢氧化钠(NaOH)水溶液做电解质。铝摄取空气中的氧,在蓄电池放电时产生化学反应,铝和氧作用转化为氧化铝。铝空气蓄电池具有能量密度高、质量小、体积小等优点。铝空气蓄电池的发展十分迅速,它在纯电动汽车上的应用已取得良好效果,是一种很有发展前途的空气蓄电池。

在《节能与新能源汽车技术路线图》规划中,汽车动力蓄电池技术路线以高安全、高比能、长寿命、低成本为总目标,以蓄电池材料研发为核心,以能量型和能量功率兼顾型动力蓄电池产品为重点,以先进制造技术装备为保障,远近结合,统筹推进新型锂离子蓄电池和新体系蓄电池的研发和产业化,近期主要以提升现有体系蓄电池性能为主,支撑目前新能源汽车技术快速发展,中期以开发新体系蓄电池为主,突破核心技术,远期实现新体系蓄电池的产业化。

国家和行业将进一步加大力度,突破动力蓄电池关键技术,将以动力蓄电池与管理系统、驱动电机与电力电子、网联化与智能化技术为"三横",构建关键零部件技术供给体系;开展先进模块化动力蓄电池与燃料蓄电池系统技术攻关,开展正负极材料、电解液、隔膜等关键核心技术研究,加强高强度、轻量化、高安全、低成本、长寿命的动力蓄电池和燃料蓄电池系统短板技术攻关,加快固态动力蓄电池技术研发及产业化。

学习任务二 新能源汽车对动力蓄电池的性能要求认知

任务描述

小张在一家新能源汽车4S店工作,有客户想要选购新能源汽车,咨询小张关于新能源汽车的选购内容,着重想了解如何选择、辨别动力蓄电池的性能。小张应该准备什么内容呢?

学习目标

1)掌握动力蓄电池的性能参数。
2)能够根据参数评价动力蓄电池的性能。
3)能够说出新能源汽车动力蓄电池的性能要求。

4）提高学生人文素养，培养学生深入学习、认真研究的工匠精神。
5）培养学生辩证思维能力。

相关知识

动力蓄电池是新能源汽车，尤其是纯电动汽车的核心部件，动力蓄电池的发展是新能源汽车发展的前提和基础。混合动力电动汽车由于拥有内燃机和动力蓄电池作为驱动系统，对动力蓄电池的功率性能要求较高，但对能量方面仅要求满足一定的续驶里程即可。随着人们生活质量的不断提高以及科技的发展，长续驶里程的纯电动汽车将是新能源汽车发展的最终目标，但蓄电池能量密度的不足，使得有限体积的蓄电池系统不足以满足更高的续驶里程。很多汽车厂家对新能源汽车进行研究的时候首先注重的就是新能源汽车的蓄电池，而且消费者在购买新能源汽车的时候也是首先注重蓄电池的质量，动力蓄电池的性能参数直接决定了整车的品质和价格。

一、蓄电池的性能参数

蓄电池的性能参数包括蓄电池的电压参数、容量参数、内阻参数、能量与能量密度、功率与功率密度、荷电状态、放电深度、使用寿命、自放电率、不一致性及放电制度等。

（一）电压参数

动力蓄电池的电压参数包括电动势、开路电压、额定电压、工作电压和放电终止电压等。

1. 电动势

电动势是反映电源把其他形式的能转换成电能的物理量，电动势使电源两端产生电压。蓄电池的电动势是热力学的两极平衡电极电位之差，常用 E 表示，单位是伏（V）。电动势是蓄电池在理论上输出能量大小的度量之一，如果其他条件相同，那么蓄电池电动势越高则理论上能输出的能量就越大。

实际上，蓄电池的开路电压在数值上接近蓄电池的电动势，所以在应用上，常常认为蓄电池在开路条件下，正、负极间的平衡电势之差即为蓄电池的电动势。

2. 开路电压

开路电压指在开路状态下（几乎没有电流通过时），蓄电池的正极电极电位与负极电极电位之差。蓄电池的开路电压取决于蓄电池正负极材料的活性、电解质和温度条件等，而与蓄电池的几何结构和尺寸无关。例如，无论铅酸蓄电池的尺寸如何，其单体开路电压都是近似一致的。一般情况下，蓄电池的开路电压要小于（但接近）它的电动势，因此人们一般近似认为蓄电池的开路电压就是蓄电池的电动势。

3. 额定电压

额定电压又称为公称电压或标称电压，指在规定条件下蓄电池工作的标准电压。不同电化学类型的蓄电池单体额定电压是不同的，根据额定电压可区分蓄电池的化学体系。表 1-2-1 为常用不同电化学体系蓄电池的单体额定电压值。

表 1-2-1 常用不同电化学体系蓄电池的单体额定电压值

蓄电池类型	单体额定电压/V	蓄电池类型	单体额定电压/V
铅酸蓄电池（VRLA）	2	铝空气蓄电池（Al/Air）	1.4
镍镉蓄电池（Ni-Cd）	1.2	钠氯化镍蓄电池（Na/NiCl$_2$）	2.5
镍锌蓄电池（Ni-Zn）	1.6	钠硫蓄电池（Na/S）	2.0
镍氢蓄电池（Ni-MH）	1.2	锰酸锂离子蓄电池（LiMn$_2$O$_4$）	3.7
锌空气蓄电池（Zn/Air）	1.2	磷酸铁锂离子蓄电池（LiFePO$_4$）	3.2

4. 工作电压

工作电压指蓄电池在接通负载放电过程中所显示的电压，又称为负载（荷）电压或放电电压。在蓄电池放电初始时刻（即开始有工作电流时）的电压称为初始电压。

电压在接通负载后，由于欧姆内阻和极化内阻的存在，蓄电池的工作电压低于开路电压。工作电压的计算公式为

$$U = E - IR = E - I(R_\Omega + R_f)$$

式中　I——蓄电池的工作电流；
　　　E——蓄电池电动势；
　　　R_Ω——极化内阻；
　　　R_f——欧姆内阻。

从上述公式可以看出工作电压随着负载和电流的变化发生变化。

5. 放电终止电压

放电终止电压又称为放电截止电压，指蓄电池在放电时，电压下降到不宜再继续放电的最低工作电压值。

由于对蓄电池的容量和使用寿命的要求不同，以及蓄电池类型和放电条件的不同，各种蓄电池的放电终止电压也不同。一般而言，在低温或大电流放电时，终止电压值规定得低一些；小电流长时间或者间歇放电时，终止电压值规定得高一些。放电终止电压是所有蓄电池（即充电蓄电池）必须严格规定的重要指标。

（二）容量参数

蓄电池在一定的放电条件下所能放出的电量称为蓄电池容量，以符号 C 表示，其单位常用 A·h 或 mA·h 表示。

1. 理论容量

理论容量是假定全部活性物质参加蓄电池的成流反应所能提供的电量。理论容量可根据蓄电池反应式中电极活性物质的数量，按法拉第定律计算的活性物质的电化学当量求出。

2. 额定容量

额定容量即按照国家或有关部门规定的标准，保证蓄电池在一定的放电条件（如温度、放电率、终止电压等）下放出的最低限度容量。

3. 实际容量

实际容量指在实际应用情况下蓄电池实际放出的电量，它等于放电电流与放电时间的积分。实际放电容量受放电率的影响较大，所以常在字母 C 的右下角以阿拉伯数字标明放电率，如 $C_{20} = 50\text{A·h}$ 表示在 20h 放电率下的容量为 50A·h。

电容的实际容量与放电电流密切相关，大电流放电时，电极的极化增强，内阻增大，放电电压下降很快，蓄电池的能量效率降低，因此实际放出的电量较小。相应地在低倍率放电条件下，放电电压下降缓慢，蓄电池实际放出的电量常常高于额定容量。

4. 剩余容量

剩余容量指在一定放电倍率下放电后，蓄电池剩余的可用容量。剩余容量的估计和计算受到蓄电池前期应用的放电率、放电时间等因素以及蓄电池老化程度、应用环境等多种因素的影响，因此准确估算比较困难。

（三）内阻参数

电流通过蓄电池内部时会受到阻力，使蓄电池的工作电压降低，该阻力称为蓄电池内阻。由于蓄电池内阻的作用，蓄电池放电时端电压低于电动势和开路电压，充电时端电压高于电动势和开路电压。蓄电池内阻是化学电源的一个极为重要的参数，它直接影响蓄电池的工作电压、工作电流、输出能量与功率等，对于一个实用的化学电源，其内阻越小越好。

蓄电池内阻不是常数，它在放电过程中随活性物质的组成、电解液浓度和蓄电池温度以及放电时间的变化而变化。蓄电池内阻包括欧姆内阻和电极在化学反应时所表现出的极化内阻，两者之和称为蓄电池的全内阻。欧姆内阻主要由电极材料、电解液、隔膜的内阻及各部分零件的接触电阻组成，它与蓄电池的尺寸、结构、电极的成形方式（如铅酸蓄电池的涂膏式电极与管式电板，碱性蓄电池的有极盒式电极和烧结式电极）以及装配的松紧度有关。极化内阻指化学电源的正极与负极在电化学反应进行时由于极化所引起的内阻，它是电化学极化和浓差极化所引起的电阻之和。极化内阻与活性物质的本性、电极的结构、蓄电池的制造工艺有关，尤其是与蓄电池的工作条件密切相关，放电电流和温度对其影响很大。在大电流密度下放电时，电化学极化和浓差极化均增加，甚至可能引起负极的钝化，极化内阻增加。低温对电化学极化、离子的扩散均有不利影响，故在低温条件下蓄电池的极化内阻会增加。因此极化内阻不是一个常数，而是随放电率、温度等条件的改变而改变。

蓄电池内阻较小，在许多工况常常忽略不计，但电动汽车用动力蓄电池常常处于大电流、深放电工作状态，内阻引起的压降较大，此时内阻对整个电路的影响不能忽略。

对应于蓄电池内阻的构成，蓄电池产生极化现象有3个方面的原因。

1. 欧姆极化

欧姆极化是由于电解液、电极材料以及导电材料之间存在的接触电阻所引起的极化。充、放电过程中，为了克服欧姆内阻，就必须额外施加一定的电压，以克服阻力推动离子迁移。该电压以热的方式转化给环境，就出现了所谓的欧姆极化。随着充电电流急剧加大，欧姆极化将造成蓄电池在充电过程中温度升高。

2. 浓差极化

电流流过蓄电池时，为了维持正常的反应，最理想的情况是电极表面的反应物能及时得到补充，生成物能及时去除。实际上，生成物和反应物的扩散速度远远比不上化学反应速度，从而造成极板附近电解质溶液浓度发生变化。也就是说，从电极表面到中部溶液，电解液浓度分布不均匀。这种现象称为浓差极化。

3. 电化学极化

电化学极化是由于电极上进行的电化学反应的速度小于电极上电子运动的速度造成的。

不管哪种极化，如果极化现象严重，都将对蓄电池造成不可逆的损坏。

（四）能量与能量密度

蓄电池的能量指在一定放电制度下，蓄电池所能释放出的能量，通常用 W·h 或 kW·h 表示。蓄电池的能量分为理论能量和实际能量。

1. 理论能量

假设蓄电池在放电过程中始终处于平衡状态，其放电电压保持电动势的数值，而且活性物质的利用率为100%，即放电容量为理论容量，则在此条件下蓄电池输出的能量为理论能量 W_0，即

$$W_0 = C_0 E$$

2. 实际能量

实际能量指蓄电池放电时实际输出的能量。它在数值上等于蓄电池实际放电电压、放电电流与放电时间的积分，即

$$W = \int U(t) I(t) \mathrm{d}t$$

在实际应用中，作为实际能量的估算，经常采用蓄电池组额定容量与蓄电池放电平均电压的乘积进行蓄电池实际能量的计算。

由于活性物质不可能完全被利用，蓄电池的工作电压总是小于电动势，蓄电池的实际能量

总是小于理论能量。

3. 能量密度

蓄电池的能量密度指单位质量或单位体积的蓄电池所能输出的能量,即 W/G 或 W/V(其中 W 表示蓄电池的能量;G 表示蓄电池的质量;V 表示蓄电池的体积),相应地称为质量能量密度(W·h/kg)或体积能量密度(W·h/L),也称为质量比能量或体积比能量。在电动汽车应用方面,动力蓄电池质量比能量将影响电动汽车的整车质量和续航里程,而体积比能量会影响动力蓄电池的布置空间。因而比能量是评价动力蓄电池能否满足电动汽车应用需要的重要指标。同时,比能量是比较不同类型蓄电池性能的一项重要指标。

比能量可分为理论比能量(W)和实际比能量(W')。理论比能量对应于理论能量,指单位质量或单位体积蓄电池反应物质完全放电时理论上所能输出的能量;实际比能量对应于实际能量,是单位质量或单位体积蓄电池反应物质所能输出的实际能量,用蓄电池实际输出能量与蓄电池质量(或体积)之比来表征。由于各种因素的影响,蓄电池的实际比能量远小于理论比能量。

动力蓄电池在电动汽车的应用过程中,由于蓄电池组安装需要相应的蓄电池箱、连接线、电流电压保护装置等元件,实际的蓄电池组比能量小于蓄电池比能量。蓄电池组比能量是电动汽车应用中最重要的参数之一,蓄电池比能量与蓄电池组比能量之间的差距越小,蓄电池的成组设计水平越高,蓄电池组的集成度越高。因此,蓄电池组的质量比能量常常被作为蓄电池组性能的重要衡量指标。一般而言,蓄电池组的比能量与蓄电池比能量相比,会低20%以上。

(五)功率与功率密度

1. 功率

蓄电池的功率是指在一定的放电制度下,单位时间内蓄电池输出的能量,单位为 W 或 kW。理论上蓄电池的功率可以表示为

$$P_0 = \frac{W_0}{t} = \frac{C_0 E}{t} = IE$$

式中　t——放电时间;
　　　C_0——蓄电池的理论容量;
　　　I——恒定的放电电流。

蓄电池的实际功率应当为

$$P = IU = I(E - IR_W) = IE - I^2 R_W$$

式中　$I^2 R_W$——蓄电池内阻消耗的功率。

2. 功率密度

单位质量或单位体积蓄电池输出的功率称为功率密度,又称为比功率,单位为 kW/kg 或 W/g。功率密度的大小表征蓄电池所能承受的工作电流的大小。蓄电池功率密度越大,表示它可以承受越大电流放电。功率密度是评价蓄电池及蓄电池组是否满足电动汽车加速和爬坡能力的重要指标。

对电化学蓄电池,功率和功率密度与蓄电池的放电深度密切相关,因此,在表示蓄电池功率和功率密度时应该指出蓄电池的放电深度。

(六)荷电状态

蓄电池荷电状态(SOC)用于描述蓄电池的剩余电量,是蓄电池使用过程中的重要参数,此参数与蓄电池的充放电历史和充放电电流大小有关。

荷电状态值是个相对量,一般用百分比的方式来表示。SOC 的值为 $0 \leq SOC \leq 100\%$。目前较统一的是从电量角度定义 SOC,如美国先进蓄电池联合会(USABC)在其《电动汽车蓄电池实

验手册》中定义 SOC 为蓄电池在一定放电倍率下，剩余电量与相同条件下额定容量的比值。

$$SOC = \frac{C_\mu}{C_{额}}$$

式中　C_μ——蓄电池剩余的按额定电流放电的可用容量；

　　　$C_{额}$——额定容量。

由于 SOC 受充放电倍率、温度、自放电、老化等因素的影响，实际应用中要对 SOC 的定义进行调整。

蓄电池的充放电过程是个复杂的电化学变化过程，蓄电池剩余电量受到蓄电池的基本特征参数（端电压、工作电流、温度、容量、内阻和充放电循环次数）和蓄电池使用特性因素的影响，使得对蓄电池组的荷电状态（SOC）的测定很困难。目前关于蓄电池组电量的研究，较简单的方法是将蓄电池组等效为一个蓄电池单体，通过测量蓄电池组的电流、电压、内阻等外界参数，找出 SOC 与这些参数的关系，以间搭铁测得蓄电池的 SOC 值。应用过程中，为确保蓄电池组的使用安全和使用寿命，常使用蓄电池组中性能最差蓄电池单体的 SOC 来定义蓄电池组的 SOC。

（七）放电深度

放电深度（DOD）是放电容量与额定容量之比的百分数，它与 SOC 之间存在如下关系：

$$DOD = 1 - SOC$$

放电深度的大小对蓄电池的使用寿命有很大的影响。一般情况下，蓄电池常用的放电深度越大，其使用寿命就越短，因此在蓄电池使用过程中应尽量避免蓄电池深度放电。

（八）使用寿命

1. 使用寿命的概念

蓄电池单体在充放电循环使用过程中，由于一些不可避免的副反应的存在，蓄电池可用活性物质逐步减少，性能逐步退化，其退化程度随着充放电循环次数的增加而加剧，其退化速度与动力蓄电池单体充放电的工作状态和环境有着直接的联系。

循环寿命是评价蓄电池使用寿命性能的一项重要的指标。蓄电池经历一次充电和放电，称为一次循环或者一个周期。按一定测试标准，当蓄电池容量降到某一规定值（一般规定为额定值的80%）以前，蓄电池经历的充放电循环总次数，称为蓄电池的循环寿命或使用周期。各类蓄电池的循环寿命都有差异，即使同一系列、同一规格的产品，循环寿命也可能有很大差异。目前常用的蓄电池中，锌银蓄电池的循环寿命最短，一般只有 30~100 次；铅酸蓄电池的循环寿命为 300~500 次；锂离子蓄电池的使用周期较长，循环寿命可达 1000 次以上。

2. 蓄电池使用寿命的影响因素

影响蓄电池使用寿命的因素主要包括充放电速率、充放电深度、环境温度、存储条件、蓄电池维护过程、电流波纹以及过充电量和过充频度等。蓄电池成组应用时，蓄电池单体不一致性、单体所处温区不同、车辆的振动环境等都会对蓄电池的使用寿命产生影响。

在蓄电池成组使用时，由于各蓄电池单体间的不一致性和串联蓄电池组的短板效应，蓄电池组的最大可用容量与单体的可用容量下降速度不同步，这将导致各单体的 SOC 状态各不相同，使得蓄电池组的使用寿命和蓄电池单体相比明显降低。过充电或过放电都会对蓄电池造成额外的损伤，致使蓄电池的容量衰减加剧，此时的蓄电池组使用寿命降低更加明显。

（九）自放电率

自放电率指蓄电池在存放时间内，在没有负荷的条件下自身放电，使得蓄电池容量损失的速度。自放电率采用单位时间（月或年）内蓄电池容量下降的百分数来表示。

$$自放电率 = \frac{Ah_a - Ah_b}{Ah_a t} \times 100\%$$

式中　Ah_a——蓄电池储存时的容量（A·h）；

　　　Ah_b——蓄电池储存以后的容量（A·h）；

　　　t——蓄电池储存的时间（天或月）。

自放电率通常与时间和环境温度有关，环境温度越高，自放电现象越明显，所以蓄电池久置时要定期补电、在适宜的温度和湿度下储存。

（十）不一致性

1. 蓄电池不一致性的概念

蓄电池不一致性指同一规格、同一型号的蓄电池单体组成蓄电池组后，在电压、内阻及其变化率、荷电量、容量、充电接受能力、循环寿命、温度影响、自放电率等参数方面存在的差别。在现有的蓄电池技术水平下，电动汽车必须使用多块蓄电池单体构成的蓄电池组来满足使用要求。由于不一致性的影响，蓄电池组在电动汽车上使用的性能指标往往达不到蓄电池单体的原有水平，使用寿命可能缩短至原先的几分之一甚至十几分之一，严重影响电动汽车的性能和应用。

2. 蓄电池不一致性的原因

1）在制造过程中，由于工艺上的问题和材质的不均匀，使得蓄电池极板活性物质的活化程度和厚度、微孔率、联条、隔板等存在很微小的差别，这种蓄电池内部结构和材质上的不完全一致性，会使同一批次出厂的同一型号蓄电池的容量、内阻等参数不可能完全一致。

2）在装车使用时，由于蓄电池组中各个蓄电池的温度、通风条件、自放电程度、电解液密度等差别的影响，在一定程度上导致蓄电池电压、内阻及容量等参数的不一致性。

3. 蓄电池不一致性的类型

根据使用中蓄电池组不一致性扩大的原因和对蓄电池组性能的影响方式不同，可以把蓄电池的不一致性分为容量不一致性、电压不一致性和电阻不一致性。

（1）容量不一致性　容量不一致性主要体现在起始容量和实际容量两个方面。起始容量不一致性指蓄电池组在出厂前的分选试验后单体初始容量不一致性。实际容量不一致性指蓄电池在放电过程中剩余电量不相等。初始容量不一致可在使用过程中通过蓄电池单体充放电来调整，使之差异性较小，而实际容量不一致性有可能与蓄电池单体内阻等参数有关。

蓄电池起始容量受蓄电池循环工作次数影响显著，越接近蓄电池使用寿命周期后期，实际容量不一致就越明显。同时，蓄电池起始容量与蓄电池容量衰减特性有关，受到蓄电池储存温度、蓄电池荷电状态（SOC）等因素的影响。蓄电池组实际放电容量不一致性与蓄电池放电电流有关。所以，在蓄电池组实际使用过程中，容量不一致主要是蓄电池起始容量不一致和放电电流不一致综合影响的结果。

（2）电压不一致性　电压不一致的主要影响因素是并联组中蓄电池的互相充电，当并联组中一节蓄电池电压低时，其他蓄电池将给此蓄电池充电。图1-2-1所示为并联电压不一致性连接方式。低压蓄电池的容量小幅增大的同时高压蓄电池的容量急剧减小，能量将损耗在互充电过程中而达不到预期的对外输出。

图1-2-1　并联电压不一致性连接方式

若低压蓄电池和正常蓄电池一起使用将成为蓄电池组的负载，影响其他蓄电池的工作，进而影响整个蓄电池组的使用寿命。所以，在蓄电池组不一致性明显增加的深放电阶段，不能继续行车，否则会造成低压蓄电池过放电，影响蓄电池组的使用寿命。

（3）内阻不一致性　蓄电池内阻不一致使得蓄电池组中每个单体在放电过程中热损失的能量各不一样，最终会影响蓄电池单体的能量状态。

（十一）放电制度

放电制度就是蓄电池放电时所规定的各种条件，主要包括放电速率（电流）、终止电压和温度等。

1. 放电电流

放电电流指蓄电池放电时的电流大小。放电电流的大小直接影响蓄电池的各项性能指标，因此介绍蓄电池的容量或能量时，必须说明放电电流的大小，指出放电的条件。

2. 放电终止电压

终止电压值与蓄电池的材料直接相关，并且受到蓄电池结构、放电率、环境温度等多种因素的影响。一般来说，低温大电流放电时，电极的极化大，活性物质不能充分被利用，蓄电池的电压下降较快。因此，在低温或大电流（高倍率）放电时，终止电压可规定得低些；小电流放电时，电极的极化小，活性物质能够得到充分利用，终止电压可规定得高些。

除上述主要性能指标外，还要求蓄电池无毒性，不对周围环境造成污染或腐蚀，使用安全，有良好的充电性能，充电操作方便，耐振动，无记忆性，对环境温度变化不敏感，易于调整和维护等。

二、新能源汽车对动力蓄电池的要求

动力蓄电池最重要的特点就是功率高和能量高。功率高意味着更大的充放电强度，能量高表示更高的质量比能量和体积比能量。动力蓄电池系统设计需要按照最优化的整车设计应用指标来设计。

（一）能量高

对于电动汽车，能量高意味着更长的续驶里程，续驶里程的延长可有效提升车辆应用的方便性和适用范围。锂离子蓄电池能够在电动汽车上被广泛推广和应用，主要原因就是其能量密度是铅酸蓄电池的3倍，并且有继续提高的可能性。

（二）功率高

动力蓄电池要能够提供驱动电机高功率输出、满足车辆动力性的要求，但长期大电流、高功率放电对于动力蓄电池的使用寿命和充放电效率会产生负面影响，甚至影响动力蓄电池使用的安全性，因此在功率方面需要一定的功率储备，避免让动力蓄电池在全功率工况下工作。

（三）使用寿命长

铅酸蓄电池的使用寿命在深充深放工况下可以达到400次，锂离子蓄电池的使用寿命可以达到1000次以上，混合动力电动汽车用镍氢蓄电池的使用寿命已经可以达到10年以上。

动力蓄电池的使用寿命关系到动力蓄电池成本，在车辆应用过程中，动力蓄电池更换的费用是电动汽车使用成本的重要组成部分。提高动力蓄电池的使用寿命是目前蓄电池技术研究的重点课题之一。

（四）成本低

动力蓄电池的成本与动力蓄电池的新技术含量、材料、制作方法和生产规模有关，目前高比能量的动力蓄电池成本较高，使得电动汽车的造价也较高。开发和研制高效、低成本的动力蓄电池是电动汽车发展的关键。

（五）安全性好

动力蓄电池为电动汽车提供高达300V的驱动供电电压，高压可能危及人身安全和车载电器的使用安全。动力蓄电池作为高能量密度的储能载体，自身也存在一定的安全隐患，以锂离子蓄电池为例：

动力蓄电池铭牌参数的识读

1) 充放电过程如果发生热失控反应,可能导致蓄电池短路起火,甚至发生爆炸。

2) 锂离子蓄电池采用的有机电解质在 4.6V 左右易发生氧化,并且溶剂易燃,若出现泄漏等情况,会引起蓄电池着火燃烧甚至爆炸。

3) 若发生碰撞、挤压、跌落等极端的状况,会导致蓄电池内部短路,也会引起危险状况的出现。

(六) 工作温度适应性强

车辆应用不应受地域的限制,要在不同的空间和时间应用,需要车辆适应不同的温度。仅以北京地区的车辆应用为例,北京夏季地表温度可达 50℃ 以上,冬季可低至 -15℃ 以下,在该温度变化范围内,动力蓄电池应可以正常工作,因此对于动力蓄电池而言,需要具有良好的温度适应性。现在的蓄电池系统设计时,考虑到动力蓄电池的温度适应性问题,一般需要设计相应的冷却系统或加热系统来使动力蓄电池达到最佳工作温度。

(七) 可回收性好

按照动力蓄电池使用寿命的标准定义,动力蓄电池在其容量衰减到额定容量的 80% 时,确定为动力蓄电池使用寿命终结。随着电动汽车的大量应用,必然出现大量废旧动力蓄电池的回收问题。对于动力蓄电池的可回收性,在电化学性能方面,首先要求做到动力蓄电池正、负极及电解液等材料无毒,对环境无污染;其次是动力蓄电池内部各种材料的回收再利用。对于动力蓄电池的再利用,还存在梯次利用问题,即将按照动力蓄电池使用寿命标准达到额定容量 80% 以下淘汰的动力蓄电池转移到对蓄电池容量和功率要求相对较低的领域继续应用。

学习任务三 新能源汽车电源系统的组成认知

任务描述

比亚迪 e5 车主反应,车辆全车无电,仪表、灯光、喇叭等均不能工作。作为 4S 店的维修人员,你能根据相关信息进行分析、诊断吗?

学习目标

1) 了解电动汽车电源系统的组成。
2) 掌握电动汽车 12V 电源系统的组成及结构。
3) 掌握蓄电池系统的作用及组成。
4) 培养学生建立爱岗敬业、团队协作的意识和一专多能的职业素养。
5) 培养学生的工匠精神,提高学生维修新能源汽车的业务能力。

相关知识

一、电动汽车电源系统的组成

电动汽车电源系统由 12V 电源系统和动力蓄电池组组成,如图 1-3-1 所示。

二、电动汽车 12V 电源系统的组成及结构

(一) 电动汽车 12V 电源系统与传统燃油汽车的区别

传统燃油汽车的电源有两个,分别是发电机和蓄电池。在车辆未运行时,由蓄电池给全车用电器供电;在车辆运行时,由发动机带动发电机运转,从而给全车供电并给蓄电池充电,如图 1-3-2 所示。

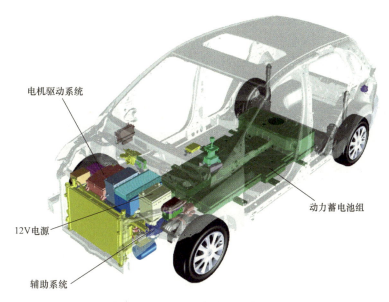

图 1-3-1　电动汽车电源系统组成

图 1-3-2　传统燃油汽车电源系统

电动汽车的电源由主电源和辅助电源组成。其中主电源是驱动汽车行驶的高压电源，而辅助电源是为车载用电器供电的直流低压电源，如图 1-3-3 所示。

由于动力蓄电池的容量较大，利用动力蓄电池通过 DC/DC 变换器为辅助蓄电池充电，从而可以省去传统汽车上的发电机。

电动汽车电源系统理论上可以省去辅助蓄电池的设计，但是实际应用中将其保留，主要原因有：一是保留辅助蓄电池能够有效降低车辆的成本，辅助蓄电池能在短时间内

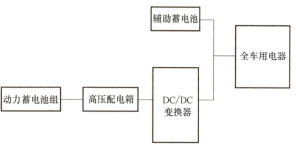

图 1-3-3　电动汽车电源系统

给全车用电器提供电流，如果省去辅助蓄电池，势必会增加动力蓄电池的容量，并且增大 DC/DC 变换器的尺寸，况且辅助蓄电池的价格便宜；二是可以确保电源的冗余度，辅助蓄电池可以确保向辅助类用电器供电的冗余度作用。当 DC/DC 变换器出现故障无法供电时，辅助蓄电池可以向全车用电器进行供电，保持车辆部分功能。

（二）电动汽车 12V 电源系统的组成及结构

电动汽车 12V 电源系统主要由蓄电池、DC/DC 变换器及相关配电装置组成。如图 1-3-4 所

示，北汽 EV200 高压控制总成包括高压控制器、电机控制器、DC/DC 变换器、车载充电机等。

比亚迪 e5 高压电控总成俗称四合一，包括集成电机控制模块、车载充电器模块、DC/DC 变换器模块和高压配电模块，如图 1-3-5 所示。比亚迪 e5 高压电控总成中 DC/DC 变换器模块安装位置如图 1-3-6 所示。

图 1-3-4　北汽 EV200 高压控制总成

图 1-3-5　比亚迪 e5 高压电控总成

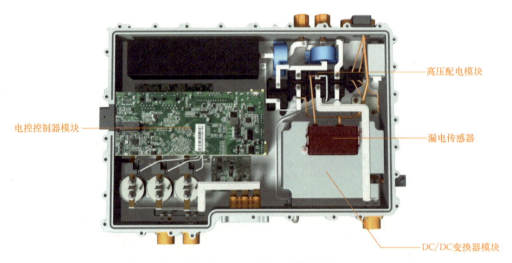

图 1-3-6　比亚迪 e5 DC/DC 变换器模块安装位置

1. 蓄电池

蓄电池是可以将化学能转换成电能的一种装置，俗称为电瓶。蓄电池在放电后，能够用充电的方式使内部活性物质再生，把电能储存为化学能；需要放电时，再次把化学能转换为电能。

常见的蓄电池一般分为普通蓄电池、干荷蓄电池、湿荷蓄电池和免维护蓄电池 4 类，目前在传统汽车上大多数采用的是免维护蓄电池，如图 1-3-7 所示。

有些电动汽车上采用的蓄电池与传统汽车有所区别，例如图 1-3-8 所示的比亚迪 e5 采用的起动铁蓄电池。

图 1-3-7　免维护蓄电池

图 1-3-8　比亚迪 e5 采用的起动铁蓄电池

(1) 起动铁蓄电池的结构 传统免维护蓄电池从外观看只有正、负两个极柱，而起动铁蓄电池除了两个极柱以外，还有一个低压通信线束插接器。在混合动力电动汽车的有些车型上，起动铁蓄电池除正、负极柱以外还有一个起动接线柱，如图1-3-9所示。

电动汽车的蓄电池因为不需要给起动机提供大电流，所以相对而言比传统汽车的蓄电池容量要小一些。从内部结构图分析，起动铁蓄电池除了装有存储电能的正、负极板外，还有进行各类信号采集的控制器并且会通过数据总线对外通信。

(2) 起动铁蓄电池的基本功能

1) 起动铁蓄电池是整车低压负载的供电电源，并联在DC/DC变换器输出端上，一般情况下是DC/DC变换器给起动铁蓄电池充电状态，只有DC/DC变换器输出不足时，才参与整车负载供电。

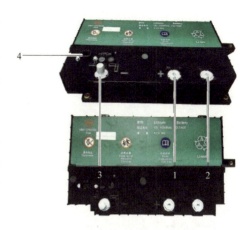

图 1-3-9 起动铁蓄电池的结构
1—起动正极柱　2—低压正极柱
3—负极柱　4—通信接口

2) 起动铁蓄电池极柱内部连接蓄电池管理器（BMS），如图1-3-10所示。其硬件过电流能力有限，因此禁止使用起动铁蓄电池给其他燃油车辆搭车起动。

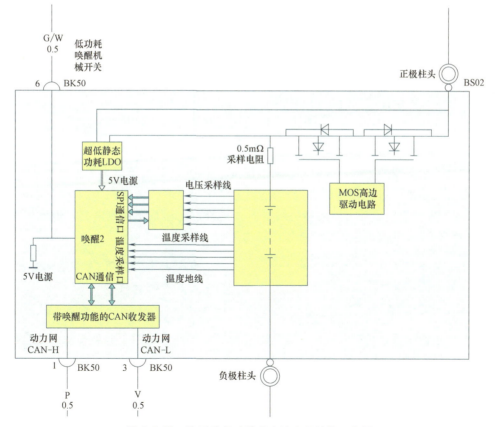

图 1-3-10 比亚迪起动铁蓄电池内部结构示意图

3) 起动铁蓄电池内部包含蓄电池管理器，其通过通信口和整车模块交互信息，所以必须保证通信线路连接正常，否则起动铁蓄电池无法正常使用。

(3) 起动铁蓄电池的使用和充电注意事项

1) 使用注意事项：

① 在非 OK 电源档时，请勿长时间开启前照灯和音响等多媒体娱乐系统。

② 蓄电池极柱螺栓不要随意更换为其他型号，以免接触电阻过大。

③ 未有效安装在车辆上的起动蓄电池（无 CAN 通信），其电压略低于正常安装的 0.6V 左右，这是出于蓄电池降低自身功耗的设计，属于正常现象。在需要测量铁蓄电池的真实电压时，需将蓄电池正常连接于整车。

2) 充电注意事项：

① 起动铁蓄电池不同于铅酸蓄电池，当电压低于 12.8V 时，建议及时充电。

② 充电时，应在整车 OK 档充电。

③ 车下充电时，须采用恒压限流方式，限制电压在 14V、电流小于 30A。切勿对蓄电池串联充电。

④ 起动铁蓄电池完成充电一般需要 2~3h，当充电电流降为 0~1A 时，停止充电。

注：当蓄电池电压低于 7.5V 时，须更换蓄电池。

2. DC/DC 变换器

(1) DC/DC 变换器的作用　DC/DC 变换器为转变输入电压后有效输出固定电压的电压变换器。在电动汽车电源系统中，DC/DC 变换器具有非常重要的作用。动力蓄电池将高压电输送至 DC/DC 变换器，通过变换器转换成 14V 左右的电压给低压供电系统供电，并给蓄电池充电，取代了传统汽车中的发电机。DC/DC 变换器控制原理如图 1-3-11 所示。

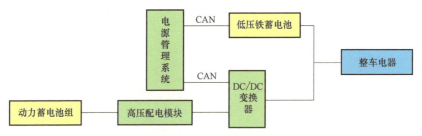

图 1-3-11　DC/DC 变换器控制原理图

(2) DC/DC 变换器的类型　目前，在新能源汽车中 DC/DC 变换器有 3 种类型。

1) 高低压变换器（辅助功率模块）。此模块主要作用是取代传统汽车的 12V 发电机，在混合动力车辆中，发动机输出动力驱动高压继电器直接给蓄电池系统补充电能，传统 12V 用电负荷的电能完全靠 DC/DC 变换器供给，功率范围为 1~2.2kW。

> 注意：大部分新能源汽车的蓄电池正常输出电压为 9~14V，DC/DC 变换器实际输出的电压必须高于蓄电池的电压才能给蓄电池进行充电，因此大部分电动汽车的 DC/DC 变换器实际输出电压接近或超过 14V。

2) 12V 电压稳压器。12V 电压稳压器主要用在部分起停系统中，避免起动中的电压波动对一些敏感的负载造成影响或损坏。电压稳压器的功率等级随着用电器负荷而定。

3) 高压升压器。为了提高动力系统的效率，选用一个升压器来提高逆变输入的电压，这个部件是动力总成的一部分，集成在动力总成中。如果采用锂离子蓄电池作为动力蓄电池，那么升压器就是一个十分重要的部分。

(3) DC/DC 变换器的结构　DC/DC 变换器有 4 处接线口，分别是低压输出正极、低压输出负极、低压控制端、高压输入端，如图 1-3-12 所示。

DC/DC 变换器一般安装于电动汽车前舱内，在高压控制模块与车载充电机之间。也有一些车型将 DC/DC 变换器和其他高压部件集成在一起，然后利用接插件将低压直流电输出给低压用电设备或蓄电池，如吉利 EV450 将 DC/DC 变换器集成在电机控制器内，比亚迪 e5 将 DC/DC 变

项目一　新能源汽车电源系统认知

图 1-3-12　DC/DC 变换器的结构

换器集成在高压电控总成的 DC/DC 变换器模块中，如图 1-3-13、图 1-3-14 所示。

图 1-3-13　吉利 EV450 低压输出接插件的安装位置

图 1-3-14　比亚迪 e5 低压输出接插件的安装位置

三、动力蓄电池组的组成及结构

（一）动力蓄电池的功用及安装位置

动力蓄电池用于存储电能，为汽车行驶提供能量；当外接充电设备进行充电时，动力蓄电池用于存储电能；当汽车行驶时，动力蓄电池为电动机提供能量，通过电动机将电能转化为机械能，驱动汽车行驶；汽车减速制动或滑行时，电动机输出的动能转化为电能，储存在动力蓄电池中，从而增加电动汽车的续航里程，提高经济性。

电动汽车的动力蓄电池组一般安装在汽车底盘底部，如图 1-3-15a 所示；在早期的一些电动汽车中，由于其车身还是采用原来传统汽车的车身，动力蓄电池安装在汽车尾部，如图 1-3-15 b 所示；电动大客车的动力蓄电池一般体积巨大，常常安装在行李舱内部，如图 1-3-15c 所示。

a)

b)

图 1-3-15　动力蓄电池的安装位置
a) 动力蓄电池安装在底盘底部　b) 动力蓄电池安装在汽车尾部

动力蓄电池安装位置

19

图 1-3-15 动力蓄电池的安装位置（续）

c）动力蓄电池安装在行李舱内部

（二）动力蓄电池系统的组成

动力蓄电池系统一般由动力蓄电池包、动力蓄电池箱、蓄电池管理系统、蓄电池冷却装置及辅助元器件等组成，如图1-3-16所示。

动力蓄电池的组成

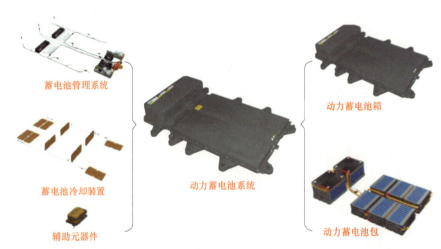

图 1-3-16 动力蓄电池系统组成

1. 动力蓄电池包

动力蓄电池包是由多个蓄电池组或者单体蓄电池串联组成的组合体。单体蓄电池是构成动力蓄电池组的最小单元，一般是由正极、负极、电解质（或电解液）和隔膜等组成，可以实现电能与化学能的直接转换。动力蓄电池包的组成如图1-3-17所示。蓄电池包的质量比能量低于

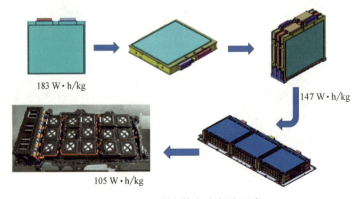

183 W·h/kg　147 W·h/kg　105 W·h/kg

图 1-3-17 动力蓄电池包的组成

单体蓄电池的质量比能量。

蓄电池包的设计首先要分析车辆设计的技术要求，根据车速、最高车速、最高车速持续时间、百公里加速时间、整车质量、满载质量、用户需求的续航里程、汽车的行驶阻力等参数，计算出驱动电机的驱动力矩、额定功率及最大功率，然后推断出动力蓄电池的最大功率及容量，进而选择蓄电池的材料、规格、并联蓄电池数量和串联蓄电池数量。在电动汽车的动力蓄电池中，单体蓄电池串联以满足电压需求，并联以满足容量需求，因此串、并联连接方式往往同时存在。动力蓄电池典型的连接方式有先并联后串联、先串联后并联和混联方式，如图1-3-18所示。从蓄电池组连接可靠性、蓄电池电压不一致性和蓄电池组性能影响的角度分析，先并联后串联的连接方式优于先串联后并联的连接方式，而先串联后并联的蓄电池连接方式有利于对系统各个单体蓄电池进行检测和管理。

动力蓄电池形成过程

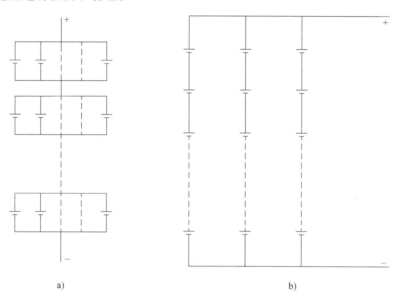

图1-3-18 动力蓄电池典型的连接方式
a）先并联后串联蓄电池组连接 b）先串联后并联蓄电池组连接

北汽EV200的蓄电池性能参数见表1-3-1。

表1-3-1 北汽EV200的蓄电池性能参数

项目	SK三元锂离子蓄电池	项目	SK三元锂离子蓄电池
额定电压	332V	总体积	240L
电芯容量	91.5A·h	工作电压范围	250~382V
总能量	30.4kW·h	质量比能量	104W·h/kg
连接方式	3P91S	体积比能量	127W·h/L
总质量	291kg		

其中，连接方式3P91S表示3个单体蓄电池并联构成一个蓄电池模块，91个这样的蓄电池模块串联构成蓄电池包。字母P表示并联，字母S表示串联。

比亚迪e5动力蓄电池包采用了镍钴锰酸锂离子蓄电池，单体电压为3.65V，共108节串联，输出额定电压约为394.2V，容量为130A·h，额定能量为51.2kW·h，如图1-3-19所示。

动力蓄电池的额定电压=单体蓄电池的额定电压×单体蓄电池串联数量

动力蓄电池总容量=单体蓄电池容量×单体蓄电池并联数量

动力蓄电池的总能量=动力蓄电池的额定电压×动力蓄电池总容量

比能量=动力蓄电池的总能量÷动力蓄电池的总质量

体积比能量=动力蓄电池的总能量÷动力蓄电池的总体积

2. 蓄电池管理系统（BMS）

蓄电池管理系统的主要作用是提高动力蓄电池的利用率，在使用过程中提高动力蓄电池的使用效率，延长动力蓄电池的使用寿命，通过控制高压控制模块中的高压继电器来实现电动汽车的充电和放电，并且能将相关信息通过数据总线传递给整车控制器（VCU）进行相关控制并且在仪表上进行动力蓄电池健康状态等的显示。2019 款比亚迪 e5 蓄电池管理系统如图 1-3-20 所示。

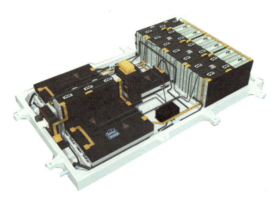

图 1-3-19　比亚迪 e5 动力蓄电池包

图 1-3-20　2019 款比亚迪 e5 蓄电池管理系统

3. 动力蓄电池箱

动力蓄电池箱作为动力蓄电池的载体，在动力蓄电池安全及防护方面起着关键作用，因此动力蓄电池箱的设计需要考虑多个方面的因素，包括机械结构安全性、电安全性、防水防尘密封性能、通风散热及加热性能。

动力蓄电池箱主要包括上、下箱体，一般来讲下箱体需要承载蓄电池箱的大部分重量，而上箱体承载较小，因此在设计时主要对下箱体进行设计。上箱体主要考虑箱盖承载自身的强度和防护性能，确保满足防护要求和机械安全要求；下箱体作为主要的机械承载部件，设计时需要考虑其机械强度、密封设计、防腐蚀、轻量化等。动力蓄电池箱的材料一般采用钣金、铝合金、复合材料等。为了实现上、下箱体之间的密封，有定位装置进行定位，并使用硅酮胶进行密封，动力蓄电池箱的防护等级可达到 IP67。动力蓄电池箱的结构如图 1-3-21 所示。

在动力蓄电池箱的外部贴有产品铭牌、动力蓄电池包序号、出货检验标签、物料追溯编码以及高压警示标识。因为汽车运行环境多变，所以对动力蓄电池箱的散热、防水、绝缘和安全等有很高的设计要求。

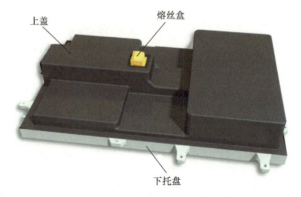

图 1-3-21　动力蓄电池箱的结构

4. 辅助元器件

辅助元器件主要包括动力蓄电池组件内部的主正接触器、主负接触器、预充接触器与预充电阻、加热继电器与加热熔断器、电流传感器、熔断器、高低压线缆、高低压插接件及以外的辅助元器件（如密封条，绝缘材料等）组成，如图 1-3-22 所示。

（1）预充接触器与预充电阻　在充电初期，需闭合预充接触器进行预充电，预充完成后断开预充接触器。预充接触器与预充电阻如图 1-3-23 所示。

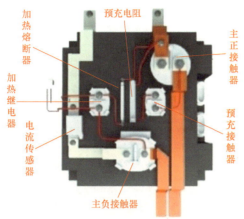

图 1-3-22　蓄电池内部辅助元器件　　　　图 1-3-23　预充接触器与预充电阻

（2）电流传感器与熔断器　电流传感器的类型为无感分流器，如图 1-3-24 所示，在电阻的两端形成毫伏级的电压信号，用于监测母线充、放电电流的大小。熔断器主要用于防止能量回收时过电压、过电流或放电时过电流。图 1-3-25 所示为北汽 EV200 的熔断器，其规格为电流 250A、最高电压 500V。

图 1-3-24　电流传感器　　　　　　　　图 1-3-25　熔断器

5. 高压维修开关

高压维修开关的电气部位布置位置一般有两种：一种是位于高压电源的正极（图 1-3-26a），

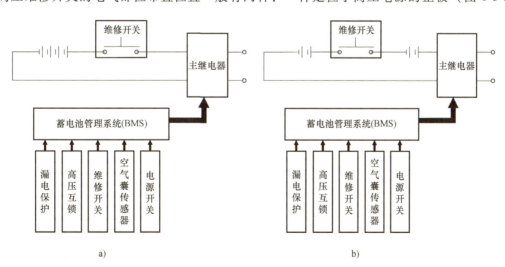

图 1-3-26　维修开关布置示意图

a）位于高压电源的正极　b）布置于蓄电池组中间

另一种是布置于蓄电池组中间（图 1-3-26b），其在动力蓄电池正极与高压维修开关间有一段电路，如果采用此类布置方式，需要保证此段电路处于人体接触不到的区域。

图 1-3-27 所示为比亚迪 e5 高压维修开关。依据 GB/T 19751—2005 的规定，如果高压插接器可不用工具断开，则在未匹配的情况下需满足 IP24B 防护等级的要求，即防止手指直接接触，所以高压维修开关的底座插孔应该依据 IP24B 防护等级进行设计。

高压维修开关作为高压安全部件，它的操作部位布置需遵循一些原则，包括以下 3 大方面：

1）操作部位应能长期保持干燥，不易接触到水、饮料等液体，并有适当隔离物进行隔离。

2）操作部位应靠近驾驶人，以便紧急情况时驾驶人能快速操作。

3）操作开关的布置应易于操作，覆盖物的拆卸不应设计得太过烦琐，以便紧急情况时能快速操作。

图 1-3-27　比亚迪 e5 高压维修开关

项目二 动力蓄电池的结构、原理与检修

动力蓄电池是电动汽车运行的保证,是车辆运行的必备动力来源,中国的动力蓄电池技术正在迅速崛起壮大。

通过本项目的学习,学生应能了解各种蓄电池的结构、特点及工作原理;熟悉电动汽车动力蓄电池的拆装与检测。

学习任务一 动力蓄电池的结构及工作原理

任务描述

动力蓄电池模块是由多个单体蓄电池串并联组成的,不同类型的单体蓄电池对动力蓄电池性能有很大影响。作为新能源汽车技术专业人员,请给大家介绍一下不同类型单体蓄电池的特点、结构及工作原理。

学习目标

1) 掌握各种蓄电池的结构及特点。
2) 掌握各种蓄电池的工作原理。
3) 培养学生爱岗敬业、为客户提供专业和耐心服务的职业素养。
4) 提高学生人文素养,培养学生深入学习、认真钻研的工匠精神。

相关知识

一、蓄电池的分类

蓄电池的种类很多,可按不同的标准进行分类。

(一) 按电解液种类分类

按电解液的种类不同,蓄电池可分为:

1) 碱性蓄电池。其电解质主要以氢氧化钾水溶液为主,如碱性锌锰蓄电池(俗称碱锰蓄电池或碱性蓄电池)、镍镉蓄电池、镍氢蓄电池等。
2) 酸性蓄电池。酸性蓄电池主要以硫酸水溶液为介质,如铅酸蓄电池等。
3) 中性蓄电池。中性蓄电池以盐溶液为介质,如锌锰蓄电池、海水蓄电池等。
4) 有机电解液蓄电池。有机电解液蓄电池主要以有机溶液为介质,如锂离子蓄电池等。

(二) 按正负极材料分类

按蓄电池所用正、负极材料不同,蓄电池可分为:

1）锌系列蓄电池，如锌锰蓄电池、锌银蓄电池等。
2）镍系列蓄电池，如镍镉蓄电池、镍氢蓄电池等。
3）铅系列蓄电池，如铅酸蓄电池。
4）锂系列蓄电池，如锂离子蓄电池、锂聚合物蓄电池和锂硫蓄电池。
5）二氧化锰系列蓄电池，如锌锰蓄电池、碱锰蓄电池等。
6）空气（氧气）系列蓄电池，如锌空气蓄电池、铝空气蓄电池等。

蓄电池的种类虽然很多，但适合为新能源汽车提供动力的蓄电池却不多。新能源汽车上使用的动力蓄电池主要有：铅酸蓄电池、镍氢蓄电池、锂离子蓄电池、燃料电池等。

二、铅酸蓄电池的结构、工作原理及应用

（一）铅酸蓄电池的结构

铅酸蓄电池由正极板、负极板、隔板、电解液（未标出）和外壳等组成，如图 2-1-1 所示。

铅酸蓄电池

1. 极板

极板是铅酸蓄电池的核心部分，是铅酸蓄电池存储电能的主要部件。极板分正极板和负极板，做成栅架（网架）形式，上面附满活性物质。正极板上所附活性物质为二氧化铅（PbO_2），呈棕红色；而负极板上所附活性物质为海绵状纯铅（Pb），呈青灰色。铅酸蓄电池的充电和放电就是靠正、负极板上活性物质与硫酸溶液的化学反应来实现的。其中，栅架是由铅合金制成的网架形式，一般在铅中加入少量的锑，近年来为了改善铅酸蓄电池的自放电性能，在铅中加入少量的钙。由于单片极板上的活性物质数量少，所存储的电量少，为了增加铅酸蓄电池的容量，通常将多片正、负极板分别并联，并用横板焊接，组成正、负极板组，如图 2-1-2 所示。

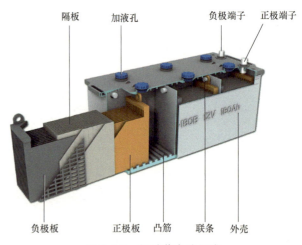

图 2-1-1　铅酸蓄电池组成

课堂笔记

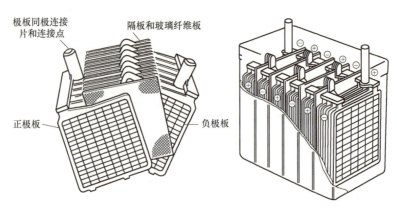

图 2-1-2　正、负极板组

2. 隔板

隔板如图 2-1-3 所示。隔板的作用是把正、负极板隔开，防止正、负极板互相接触造成短路。隔板要耐酸蚀，具有多孔性，以利于电解液的渗透。常用的隔板材料有木材、微孔橡胶和

微孔塑料等。微孔塑料隔板孔径小、孔率高、成本低，因此被广泛采用。隔板一面有沟槽、一面平滑，装入时，沟槽面应竖直对向正极板，这样可使正极板在化学反应时与更多的电解液接触而反应充分。此外，在蓄电池充电时生成的气泡可随沟槽上升，脱落的活性物质则会沿沟槽下沉。

3. 电解液

电解液是铅酸蓄电池内部发生化学反应的主要物质，是用纯净硫酸和蒸馏水按一定比例配制而成的，电解液的纯度和密度对铅酸蓄电池的容量和使用寿命有重要影响。电解液中硫酸密度高时，可增强化学反应，提高电动势，冬季时还可避免电解液冻结。但密度过高，会使极板腐蚀加快，缩短极板与隔板的使用寿命。电解液的密度一般为 $1.24 \sim 1.28 \text{g/cm}^3$（20℃）。气温高的地区或季节应采用较低密度的电解液；气温低的地区或季节应采用较高密度的电解液。

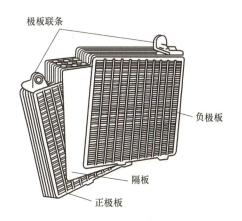

图 2-1-3　隔板

4. 外壳

外壳用硬橡胶或塑料制成。12V 铅酸蓄电池由 6 个单体蓄电池组成，内用间隔分隔成 6 个单格，每个单格内放入极板组和电解液便组成一个单格蓄电池。壳的底部有凸起的筋条（突棱），用来放置极板组。各单格蓄电池极板组的正、负极柱采用联条串联连接，即一个单格蓄电池的正极柱和相邻单格蓄电池的负极柱相连。加液口上有盖，盖上有通气孔，通气孔应保持畅通，以防外壳内气体增多而把外壳胀裂。

（二）铅酸蓄电池的工作原理

铅酸蓄电池在放电状态下，正极主要成分为二氧化铅，负极主要成分为铅；充电状态下，正极和负极的主要成分均为硫酸铅。

1. 放电原理

当铅酸蓄电池的正、负极板浸入电解液中时，在正、负极板间就会产生约 2.1V 的静止电动势，此时若接入负载，在电动势的作用下，电流就会从蓄电池的正极经外电路流向铅酸蓄电池的负极，这一过程称为放电。铅酸蓄电池的放电过程是化学能转变为电能的过程。

放电时，正极板上的 PbO_2 和负极板上的 Pb 都与电解液中的 H_2SO_4 反应生成硫酸铅（$PbSO_4$）并沉附在正、负极板上。随着化学反应的进行，电解液中 H_2SO_4 不断减少，密度下降，如图 2-1-4 所示。

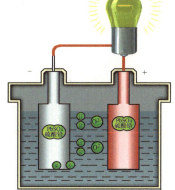

正极化学反应

$$PbO_2 + 2H^+ + H_2SO_4 + 2e^- \rightarrow PbSO_4 + 2H_2O$$

负极化学反应

$$Pb + H_2SO_4 \rightarrow PbSO_4 + 2e^- + 2H^+$$

蓄电池总反应

$$PbO_2 + Pb + 2H_2SO_4 \rightarrow 2PbSO_4 + 2H_2O$$

图 2-1-4　放电原理

理论上，放电过程可以进行到极板上的活性物质被耗尽为止，但由于生成的 $PbSO_4$ 沉附于极板表面，阻碍电解液向活性物质内层渗透，使得内层活性物质因缺少电解液而不能参加反应，因此放完电的铅酸蓄电池的活性物质利用率只有 20%～30%。因此，采用薄型极板、增加极板的多孔性，可以提高活性物质的利用率，增大铅酸蓄电池的容量。

铅酸蓄电池放电终止特征：①单格铅酸蓄电池电压降到放电终止电压；②电解液密度降到最小许可值。此外，放电终止电压与放电电流的大小有关，放电电流越大，允许的放电时间就越短，放电终止电压越低。

2．充电原理

充电时，蓄电池的正、负极分别与直流电源的正、负极相连，当充电电源的端电压高于铅酸蓄电池的电动势时，在电场的作用下，电流从铅酸蓄电池的正极流入、负极流出，这一过程称为充电。铅酸蓄电池充电过程是电能转换为化学能的过程。充电时，正、负极板上的 $PbSO_4$ 还原成 PbO_2 和 Pb，电解液中的 H_2SO_4 增多，密度上升，如图 2-1-5 所示。

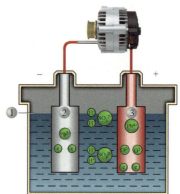

图 2-1-5　充电原理

正极的化学反应

$$PbSO_4 + 2H_2O \rightarrow PbO_2 + 2H^+ + H_2SO_4 + 2e^-$$

负极化学反应

$$PbSO_4 + 2e^- + 2H^+ \rightarrow Pb + H_2SO_4$$

蓄电池总反应

$$2PbSO_4 + 2H_2O \rightarrow Pb + PbO_2 + 2H_2SO_4$$

铅酸蓄电池充电终止的标志：①电解液中有大量气泡冒出，呈沸腾状态；②电解液的密度和铅酸蓄电池的端电压上升到规定值，且在 2~3h 内保持不变。

（三）铅酸蓄电池的特点及应用

铅酸蓄电池具有技术成熟、可靠性好、原材料易得、价格便宜的优点，但铅酸蓄电池存在充电、放电功能较差，能量和功率密度低，循环寿命短等缺陷。随着锂离子蓄电池的应用普及和价格下降，铅酸蓄电池在动力蓄电池市场正在被淘汰。

三、镍氢蓄电池的结构、工作原理及应用

碱性蓄电池是以氢氧化钾（KOH）等碱性水溶液为电解液的蓄电池的总称，根据极板活性物质的不同，有锌银蓄电池、铁镍蓄电池、镍镉蓄电池、镍氢蓄电池等。碱性蓄电池区别于铅酸蓄电池的一大特点是电解液中的氢氧化钾不直接参与电极反应。和铅酸蓄电池相比，碱性蓄电池具有能量密度大、机械强度大、工作电压平稳、功率密度大的特点。

碱性动力蓄电池主要有镍镉蓄电池（Ni-Cd）和镍氢蓄电池（Ni-MH）两种。镍镉蓄电池的正极材料为球形氢氧化镍，负极材料为海绵状金属或氧化镉粉以及氧化铁粉，电解液通常为氢氧化钾溶液。镍镉蓄电池单体额定电压为 1.2V，具有机械强度大、密封性好、使用温度范围大、能耐大电流等优点。但镍镉蓄电池存在记忆效应，若长期不彻底充电、放电，易在蓄电池内留下痕迹，降低蓄电池容量。例如，若镍镉蓄电池长期只放出 80% 的电量后就开始充电，一段时间后，镍镉蓄电池充满电后只能放出 80% 的电量。此外，镍镉蓄电池会造成严重环境污染，基于环境保护的原因，许多发达国家已禁止使用镍镉蓄电池。

镍氢蓄电池是在镍镉蓄电池的基础上发展起来的，相比镍镉蓄电池，其最大的优点是不存在重金属污染。现阶段在新能源汽车上应用最多的是以储氢合金为负极材料的镍氢蓄电池，这种蓄电池技术成熟、比功率大、使用寿命长、基本无记忆效应且工作温度范围宽，是混合动力汽车用动力蓄电池的主体，也是至今量产的新能源汽车中应用量较大的一种蓄电池。

（一）镍氢蓄电池的结构

镍氢蓄电池的正极材料和镍镉蓄电池一样，是球形氢氧化镍，负极板的主要材料是镍的储氢合金。一个完整的单体镍氢蓄电池由正极材料、负极材料以及具有保液能力和良好透气性的

隔膜、碱性电解液、金属壳体、具有自动密封的安全阀及其他部件组成，如图 2-1-6 所示。采用隔膜相互隔开的正、负极板呈螺旋状卷绕在壳体内，壳体用盖帽进行密封，在壳体和盖帽之间用绝缘材质的密封圈隔开。

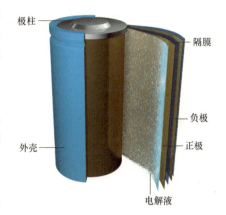

图 2-1-6 镍氢蓄电池的组成

1. 正极

镍氢蓄电池的正极采用高孔率泡沫镍或纤维镍做导电骨架，其表面由氢氧化物制作而成，其制造工艺可分为烧结式和泡沫镍式两大类。

2. 负极

镍氢蓄电池的负极是由骨架和储氢合金组成的。负极板的储氢合金在进行吸氢/放氢化学反应（可逆反应）的过程中，伴随着放热/吸热的热反应（可逆反应），同时产生充电/放电的电化学反应（可逆反应）。具有实用价值的储氢合金具有储氢量大、容易活化、吸氢/放氢的化学反应速率快、使用寿命长及成本低等特性。

3. 隔膜

镍氢蓄电池的隔膜采用尼龙无纺布或聚丙烯无纺布等材料，由于尼龙无纺布在碱性电解液中会发生解离，所以绝大多数采用聚丙烯无纺布，镍氢蓄电池的聚丙烯无纺布隔膜的厚度比锂离子蓄电池的厚得多。

4. 电解液

镍氢蓄电池的电解液一般是氢氧化钾碱性溶液（KOH），有的镍氢蓄电池在电解液中加入少量的氢氧化锂（LiOH）或氢氧化钠（NaOH）。

5. 壳体和安全阀

镍氢蓄电池的外壳多采用镀镍薄钢板，在电动汽车用的方形镍氢蓄电池上，有的采用塑料外壳。

安全阀安装在镍氢蓄电池的顶部，其主要作用是在镍氢蓄电池过放电时，使镍氢蓄电池内部压力保持平衡。当析出气体的速度大于消耗的速度时，镍氢蓄电池内部压力升高，此时安全阀在达到压力最大值时打开，通过排气孔排出气体，使镍氢蓄电池内部压力降低，防止镍氢蓄电池爆炸。当镍氢蓄电池内部压力小于一定值时，安全阀自动关闭。

（二）镍氢蓄电池的结构类型

镍氢蓄电池的形状有方形、圆柱形和扣形，如图 2-1-7 所示。

a)   b)   c)

图 2-1-7 各种形状的镍氢蓄电池
a) 方形　b) 圆柱形　c) 扣形

根据镍氢蓄电池 IEC 61436 标准，用"HF"表示方形镍氢蓄电池，用"HR"表示圆柱形镍氢蓄电池。镍氢蓄电池的尺寸包括方形镍氢蓄电池的高度、宽度和厚度，圆柱形镍氢蓄电池的直径和高度,数值之间用斜杠隔开,单位为 mm。

1. 方形可充电单体镍氢蓄电池

方形可充电单体镍氢蓄电池的尺寸见表 2-1-1,其数字表示的含义如下:

1) 第 1 条斜线左边的两个数字表示不小于镍氢蓄电池所规定的最大宽度的整数,以 mm 为单位。

2) 中间的两个数字表示不小于镍氢蓄电池所规定的最大厚度的整数,以 mm 为单位。

3) 第 2 条斜线右边的两个数字表示不小于镍氢蓄电池所规定的最大高度的整数,以 mm 为单位。

例如 HF18/07/49,表示该镍氢蓄电池为方形,其宽度为 17.3mm,厚度为 6.1mm,高度为 48.2mm。

2. 圆柱形可充电单体镍氢蓄电池

单体电池圆柱形结构

圆柱形可充电单体镍氢蓄电池的尺寸见表 2-1-2,其数字表示的含义如下:

1) 斜线左边的两个数字表示不小于镍氢蓄电池所规定的最大直径的整数,以 mm 为单位。

2) 斜线右边的两个数字表示不小于镍氢蓄电池所规定的最大高度的整数,以 mm 为单位。

例如 HR15/51,表示该镍氢蓄电池为圆柱形,其直径为 14.5mm,高度为 50.5mm。

表 2-1-1　方形可充电单体镍氢蓄电池的尺寸

型号	宽度/mm	厚度/mm	高度/mm
HF 15/08/49	14.5	7.4	48.2
HF 15/09/49	14.5	8.3	48.2
HF 18/07/36	17.3	6.1	35.7
HF 18/07/49	17.3	6.1	48.2
HF 18/09/49	17.3	8.3	48.2
HF 18/07/68	17.3	6.1	67.3
HF 18/11/68	17.3	10.7	67.3
HF 18/18/68	17.3	17.3	67.3
HF 23/11/68	22.7	10.7	67.3
HF 23/15/68	22.7	14.5	67.3

表 2-1-2　圆柱形可充电单体镍氢蓄电池的尺寸

型号	直径/mm	高度/mm
HR11/45	10.5	44.5
HR15/43	14.5	43
HR15/49	14.5	49
HR15/51	14.5	50.5
HR17/29	17	28.5
HR17/43	17	43
HR17/50	17	50
HR17/67	17	67
HR23/43	23	43
HR26/47	25.8	47
HR26/50	25.8	50

(三) 镍氢蓄电池的工作原理

1. 充电过程

镍氢蓄电池正极的活性物质是氢氧化镍,负极的活性物质是储氢合金,电解液是氢氧化钾水溶液。其工作原理如图 2-1-8 所示。

充电时，镍氢蓄电池正、负极的电化学反应如下。

正极为
$$Ni(OH)_2 + OH^- \rightarrow NiOOH + H_2O + e^-$$

负极为
$$M + H_2O + e^- \rightarrow MH + OH^-$$

在充电时，电解液中的水被分解为氢离子和氧化氢离子，负极吸收氢离子，负极的金属变成金属氧化物。镍氢蓄电池的充电特性曲线如图2-1-9所示，从图中可以看出：充电时，不同的充电电流对充电特性有很大的影响，主要是充电电流不同使镍氢蓄电池温度变化，导致镍氢蓄电池的充电特性产生差异。一般单体镍氢蓄电池的充电终止电压在1.4V左右。

图2-1-8 镍氢蓄电池的工作原理

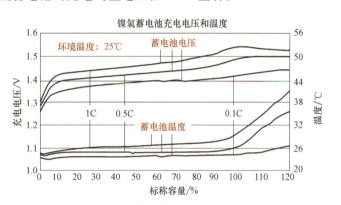

图2-1-9 镍氢蓄电池的充电特性

2. 放电过程

放电时，镍氢蓄电池正、负极的电化学反应如下。

正极为
$$NiOOH + H_2O + e^- \rightarrow Ni(OH)_2 + OH^-$$

负极为
$$MH + OH^- \rightarrow M + H_2O + e^-$$

在放电时，正极析出氧化氢离子，负极析出氢离子，其在电解液中结合生产水，在正、负极之间通过外部电路放出电能。镍氢蓄电池的放电特性曲线如图2-1-10所示，从图中可以看出：放电时，不同的放电电流对放电特性有很大的影响，主要是放电电流不同使镍氢蓄电池温度变化，导致镍氢蓄电池放电特性产生差异。一般单体镍氢蓄电池的放电终止电压在0.9V左右。

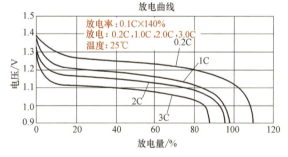

图2-1-10 镍氢蓄电池的放电特性曲线

由于在镍氢蓄电池整个过充、放电过程中，过充电时正极析出氧气、负极消耗氧气，过放电时，正极析出氢气、负极消耗氢气，因此镍氢蓄电池具有长期过放电和过充电的自我保护能力。

（四）镍氢蓄电池的特性及应用

镍氢蓄电池具有能量密度高，与同尺寸镍镉蓄电池相比，其容量是镍镉蓄电池的1.5~2倍；环境相容性好，无污染；可大电流快速充放电，充放电倍率高；无明显的记忆效应；低温性能好，耐过充放能力强等优点。镍氢蓄电池的工作电压与镍镉蓄电池相同，为1.2V。镍氢蓄电池的缺点是自放电率高与使用寿命短，但也能达到500次循环寿命和国际电工委员会的推荐标准。

镍氢蓄电池的物理参数（如尺寸、质量和外观）完全可与镍镉蓄电池互换，电性能也基本一致，充、放电曲线相似，放电曲线非常平滑，电量快要消耗完时，电压才会突然下降，故完全可直接替代镍镉蓄电池使用，不需要对设备进行任何改造。

由于镍氢蓄电池可以满足混合动力汽车高功率密度的要求，该类蓄电池目前在混合动力电动汽车，尤其是在日系车型中应用广泛。丰田第一代混合动力电动汽车普锐斯的动力蓄电池采用的就是288V、6.5A·h的镍氢蓄电池，其蓄电池组可以通过发电机和电动机实现充、放电，且输出功率大、质量小、使用寿命长、耐久性好；丰田凯美瑞混合动力电动汽车也采用了镍氢蓄电池。

此外，本田思域、福特Escape以及大众公司的新途锐混合动力电动汽车都采用了镍氢蓄电池作为动力源。新途锐混合动力电动汽车是大众汽车旗下第一款采用电驱动技术的车型。该车型通过结合电力驱动、车辆滑行、能量回收和起动-停车系统4方面的技术，使得其在城市路况的燃油效率较同级别车型提高了25%；在城市、高速公路和乡间的综合路况，平均油耗则降低了17%。图2-1-11所示为镍氢蓄电池。

图2-1-11　镍氢蓄电池

四、锂离子蓄电池的结构、工作原理及应用

锂离子蓄电池由日本索尼公司于1990年最先开发成功。常用的锂离子蓄电池主要有磷酸铁锂离子蓄电池、锰酸锂离子蓄电池、钴酸锂离子蓄电池以及三元锂离子蓄电池。

锂离子蓄电池具有工作电压高、比能量大、体积小、质量小、蓄电池组循环寿命长、自放电率低、无记忆效应、无污染等优点，被作为主要的动力蓄电池。

（一）锂离子蓄电池的结构

锂离子蓄电池一般由正极、负极、隔膜、电解液/电解质（在内部，未标出）、壳体和安全阀等组成，如图2-1-12所示。

1. 正极

锂离子蓄电池的正极主要包括活性物质、导电剂、溶剂、黏合剂、基体。活性物质采用嵌锂过渡金属氧化物。通常所说的钴酸锂离子蓄电池、锰酸锂离子蓄电池、磷酸铁锂离子蓄电池、三元锂离子蓄电池等都是以锂离子蓄电池正极材料来命名的。图2-1-13所示为锂离子蓄电池正极。

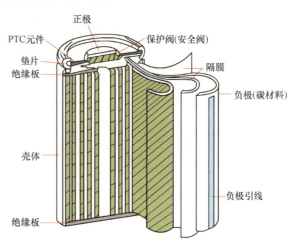

图2-1-12　锂离子蓄电池组成结构

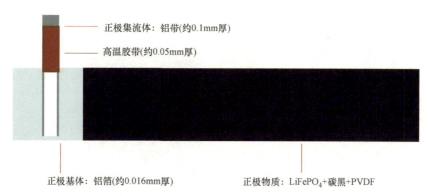

图 2-1-13　锂离子蓄电池正极

2. 负极

锂离子蓄电池的负极主要包括活性物质、黏合剂、溶剂、基体。负极活性物质选择电位尽可能接近锂电位的可嵌入锂化合物,如碳材料。目前常见的碳材料主要有石墨(分为人造石墨和天然石墨)、碳素材料(软碳、硬碳)等。图 2-1-14 所示为锂离子蓄电池负极。

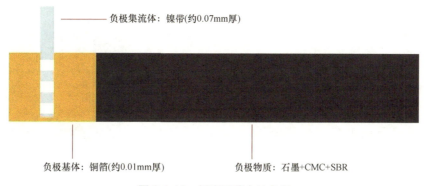

图 2-1-14　锂离子蓄电池负极

3. 电解液/电解质

锂离子蓄电池的电解液一般采用非水电解液、聚合物电解质和固体电解质 3 大类。锂离子蓄电池的电解质应具有高的导电能力,较好的稳定性及安全性,所以在电解质内通常会加入适量添加剂。

电解质是蓄电池的重要组成部分,在正、负两极之间起输运离子、传导电流的作用。从相态上来分,锂离子蓄电池电解质可分为液态、固态和熔融盐电解质 3 类。从锂离子蓄电池内部传质的实际要求出发,电解质必须满足以下几点基本要求:

1) 离子电导率:电解质不具有电子导电性,但必须具有良好的离子导电性,一般温度范围内,电解质的电导率在 $110^{-3} \sim 210^{-3}$ S/cm 之间。

2) 离子迁移数:蓄电池内部输运电荷依赖离子的迁移,高离子迁移数可减小电极反应时的浓差极化,使蓄电池产生高的能量密度和功率密度。理想的锂离子迁移数应尽量接近 1。

3) 稳定性:电解质与电极直接接触时,应尽量避免副反应的发生,这就要求电解质具备一定的化学稳定性和热稳定性。

4) 机械强度:电解质需要有足够高的机械强度以满足蓄电池的大规模生产包装过程。

锂离子电解质大都采用碳酸酯类溶剂,如碳酸乙烯酯(EC)、碳酸丙烯酯(PC)、碳酸二甲酯(DMC)、碳酸乙甲酯(EMC)、碳酸二乙酯(DEC)、二甲基乙炔基酯(DME)等。

4. 隔膜

图 2-1-15 所示为圆柱形锂离子蓄电池隔膜。隔膜位于正、负极之间,主要作用是防止正、

负极活性物质短路，保证锂离子蓄电池的正常充、放电和安全性能。隔膜的主要材料有单层聚丙烯（PP）、单层聚乙烯（PE）、双层聚丙烯或聚乙烯材料等，尤其是 PP/PE/PP 3 层隔膜不仅熔点较低，而且具有较高的抗穿刺强度，可起到热保险作用。

5. 壳体和安全阀

锂离子蓄电池的壳体材质需要兼顾强度要求和散热性能，在整车轻量化趋势下还应该考虑壳体的重量，一般采用镀镍钢制成，少数圆柱形锂离子蓄电池外壳采用铝壳制成。

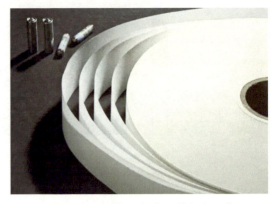

图 2-1-15　圆柱形锂离子蓄电池隔膜

安全阀安装于锂离子蓄电池盖上，也称为排气阀，作用是防止锂离子蓄电池内部压力过高而产生破裂或爆炸等危险。

（二）锂离子蓄电池的结构类型

一般锂离子蓄电池的外形有圆柱形、长方形、薄板形、纽扣形等。

1. 圆柱形锂离子蓄电池

圆柱形锂离子蓄电池如图 2-1-16 所示。由于其体积及容量较小，需要很多锂离子蓄电池串、并联组成锂离子蓄电池组。例如美国特斯拉电动汽车 Model S，其动力蓄电池采用的是 7000 多节 18650 锂离子蓄电池。其中 18 表示直径为 18mm，65 表示长度为 65mm，0 表示为圆柱形蓄电池。18650 锂离子蓄电池单节标称电压一般为 3.6V 或 3.7V；最小放电终止电压一般为 2.5~2.75V，常见容量为 1200~3300mAh。

图 2-1-16　圆柱形锂离子蓄电池

2. 长方形锂离子蓄电池

长方形锂离子蓄电池需要多个锂离子蓄电池串联组成锂离子蓄电池组，如图 2-1-17 所示。

a)

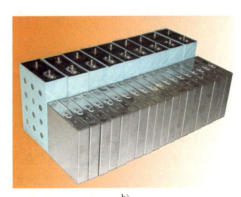
b)

图 2-1-17　长方形锂离子蓄电池

a）锂离子单体蓄电池　b）锂离子蓄电池组

3. 薄板形锂离子蓄电池

薄板形锂离子蓄电池为容量较小的可充电蓄电池，由于其具有体积较小的优点，多用在手机、照相机等便携式电子产品上，如图 2-1-18 所示。

4. 纽扣形锂离子蓄电池

纽扣形锂离子蓄电池通常是小容量的可充电蓄电池，用作汽车钥匙蓄电池、电子手表蓄电池等，如图 2-1-19 所示。

图 2-1-18　薄板形锂离子蓄电池

图 2-1-19　纽扣形锂离子蓄电池

（三）锂离子蓄电池的工作原理

锂离子蓄电池的充、放电过程就是锂离子的嵌入和脱嵌过程，如图 2-1-20 所示。

虽然锂离子蓄电池种类繁多，但工作原理大致相同，目前常用磷酸铁锂和镍钴锰酸锂作为三元材料。这些材料的分子形成了纳米等级的细小晶体格子结构，可用来嵌入储存锂原子。即便是蓄电池外壳破裂，接触氧气，也会因氧分子太大，进入不了这些细小的晶体格子内，使得锂原子不会与氧气接触而剧烈反应导致爆炸。锂离子蓄电池的这种结构使得在获得高容量密度的同时，也达到安全的目的。锂离子蓄电池充电时，正极的锂原子会丧失电子，在有外电路连接的情况下就会形成电流，此时锂离子氧化为锂离子并经由电解液游到负极去，进入负极的储存晶格并获得一个电子，还原为锂原子。放电时，整个过程相反。为了防止锂离子蓄电池的正、负极直接碰触而短路，锂离子蓄电池正、负极之间有一层带有微孔的有机隔膜。有机隔膜微孔直径只允许锂离子往复通过，而电子直径比锂离子直径大，不能通过隔膜。隔膜可以在锂离子蓄电池温度过高时，自动关闭微孔，让锂离子无法穿越，防止危险发生。

锂离子蓄电池的工作原理

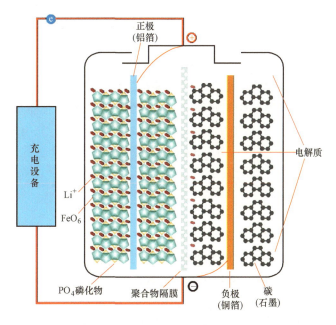

图 2-1-20　锂离子蓄电池的工作原理

1. 充电过程

锂离子蓄电池的充电过程：充电时，锂离子蓄电池正极材料上的锂原子分解成锂离子和电子,电子通过外部电路到达负极上,锂离子从正极脱嵌进入电解液,穿过隔膜上弯弯曲曲的小洞嵌入到达晶状体结构的负极,与外部来的电子结合在一起,导致负极处于富锂状态。

2. 放电过程

锂离子蓄电池的放电过程：锂离子蓄电池放电时,电子和锂离子同时行动,电子从负极经过外电路导体到达正极,锂离子从晶状体结构的负极脱插进入电解液,穿过隔膜上弯弯曲曲的小洞嵌入正极晶体空隙,与外电路来的电子结合在一起。

3. 摇椅现象

从锂离子蓄电池内电路来看,充电时锂离子嵌入负极,放电时锂离子嵌入正极,锂离子像坐摇椅一样在正极和负极之间来回移动,所以锂离子蓄电池又称为"摇椅蓄电池"。

在充电过程中,锂离子蓄电池在外部充电器电压的作用下,随着锂离子从正极向负极移动,锂离子蓄电池储存的电量越来越多,正、负极之间的电压越来越高,直到充满。放电过程中,锂离子从负极向正极移动,锂离子蓄电池储存的电量越来越少,锂离子蓄电池的正、负极电压越来越低,直到放电终止。蓄电池正、负极材料的晶体结构在锂离子迁移过程中会出现变化,如果过充电严重会导致负极晶格堵塞,过放电会导致负极晶格塌落,因此锂离子蓄电池一般不能单独使用,必须与充、放电控制电路组合使用。

（四）锂离子蓄电池的性能特点

根据正极材料的不同,锂离子蓄电池可以分为很多种类,主要有钴酸锂离子蓄电池、锰酸锂离子蓄电池、磷酸铁锂离子蓄电池、三元锂离子蓄电池等。

1. 钴酸锂离子蓄电池

钴酸锂离子蓄电池正极为钴酸锂聚合物,负极材料为石墨。钴酸锂离子蓄电池结构稳定、容量比高、综合性能突出、电化学性能优越、加工性能优异、振实密度大、能量密度高,有助于提高蓄电池体积比能量,产品性能稳定,一致性好。钴酸锂离子蓄电池标称电压为3.7V,充电时终止电压为4.2V,蓄电池放电时最小放电终止电压为2.75V左右。

钴酸锂离子蓄电池的成本较高、安全性差、热稳定性差、遇到高温或者撞击会释放氧气及大量热。因此钴酸锂离子蓄电池主要用于中小型号电芯,广泛应用于笔记本计算机、手机、MP3（MP4）等小型电子设备中。

2. 锰酸锂离子蓄电池

锰酸锂离子蓄电池是正极使用锰酸锂材料的蓄电池。相比钴酸锂等正极材料,锰酸锂具有资源丰富、成本低、无污染、安全性能好等优点。锰酸锂离子蓄电池正极采用尖晶石型锰酸锂和层状结构锰酸锂（$LiMn_2O_4$）,负极为石墨,其标称电压达3.7V,充电时终止电压为4.2V左右,放电时的放电终止电压为2V左右。锰酸锂离子蓄电池材料本身并不太稳定,容易分解产生气体,因此多和其他材料混合使用以降低电芯成本,但其循环寿命衰减较快,容易发生鼓胀,高温性能较差,使用寿命相对短,主要用于大中型号电芯。

3. 磷酸铁锂离子蓄电池

磷酸铁锂离子蓄电池是用磷酸铁锂（$LiFePO_4$）作为正极材料的锂离子蓄电池。国产电动汽车荣威E50采用的动力蓄电池由279片单体磷酸铁锂离子蓄电池组成,其正极为橄榄石结构的$LiFePO_4$,负极由石墨（碳）组成。磷酸铁锂离子蓄电池的标称电压为3.2V,充电时终止电压为3.6V,放电时终止电压为2.0V。

磷酸铁锂离子蓄电池有以下特点：安全性能好,相比普通锂离子蓄电池安全性有较大改善,使用寿命长且循环寿命达到2000次以上,高温性能好,工作温度范围宽广。但是磷酸铁锂离子蓄电池能量密度低,其能量密度为100~120W·h/kg,导致续驶里程差,而且磷酸铁锂离子蓄电池的低温性能差。

4. 三元锂离子蓄电池

三元锂离子蓄电池又被为"三元聚合物锂离子蓄电池",是用镍钴锰酸锂或者镍钴铝酸锂作为正极材料的锂离子蓄电池。其中的三元指的就是镍(Ni)、钴(Co)、锰(Mn)这3种元素,而这3种元素中镍和钴是活性金属,锰不参与电化学反应。一般来说,活性金属成分含量越高,蓄电池容量越大,但当Ni的含量过高时,会引起Ni^{2+}占据Li^+的位置,加剧了阳离子混排,从而导致容量降低。Co是活性金属,能起到抑制阳离子混排的作用,从而稳定材料层状结构。Mn作为非活性金属主要起到稳定反应、提高安全性的作用。三元材料综合了钴酸锂、镍酸锂和锰酸锂3种材料的优点,形成了3种材料三相的共熔体系,由于三元协同效应,其综合性能优于任一单组合化合物,质量比能量能够达到200W·h/kg。三元锂离子蓄电池的标称电压为3.7V,充电终止电压为4.2V左右,放电终止电压为2.5V左右。

三元锂离子蓄电池

在种类繁多的锂离子蓄电池中,磷酸铁锂离子蓄电池和三元锂离子蓄电池是最为常用的动力蓄电池。北汽EV200采用了三元锂离子蓄电池,理论续驶里程达到200km,而北汽EV150则采用了磷酸铁锂蓄电池,续驶里程仅为150km。从续航里程上看,三元锂离子蓄电池确实优于磷酸铁锂离子蓄电池。三元锂离子蓄电池具有体积小、耐低温等优点,但是三元锂离子蓄电池耐高温性差,其三元材料在200℃时就会发生分解。

各种锂离子蓄电池参数对比见表2-1-3。

表2-1-3 各种锂离子蓄电池参数对比

材料	三元锂	磷酸铁锂	锰酸锂	钴酸锂
重量能量密度/(W·h/kg)	200	100~110	100	170
蓄电池单体标称电压(20℃)/V	3.7	3.2	3.7	3.7
安全性	较差	好	较好	差
理论循环使用寿命/次	2000	1500~2000	600~1000	300
成本	低	高	最低	较高
优点	比能量高、循环寿命长	安全性好、循环寿命长、无毒环保、结构稳定、循环性能好、铁资源丰富	资源丰富、成本低、安全性好、容易制备	工作电压高、放电电压平稳、适合大电流放电、比能量高、电导率高
缺点	耐高温性能差,安全性差,大功率放电性差	低温性能差、理论容量不高,室温电导率低	工作温度高时循环性能差	钴价格昂贵、抗过充电性差、安全性能差、有污染性

(五)锂离子蓄电池在交通行业的应用

在电动汽车开发方面,锂离子蓄电池已经成为其动力源主流。在国内众多汽车研制和生产企业开发的电动汽车,80%以上车型都采用了锂离子蓄电池并有逐步扩大的趋势,其主要使用的动力蓄电池是磷酸铁锂离子蓄电池和三元锂离子蓄电池。例如,北汽新能源公司的EV200和EV300采用的是三元锂离子蓄电池,上汽荣威E50采用的是三元锂离子蓄电池等;比亚迪e5和e6、秦EV300、腾势EV,插电式混合动力电动汽车秦、唐都采用磷酸铁锂离子蓄电池。国际上,如日产公司的Leaf、三菱公司的i MIEV以及通用公司的Volt、美国的特斯拉等电动汽车均采用了锂离子蓄电池。

情境与问题

在 2021 年 4 月 7 日晚间举办的新车发布会上，比亚迪发布了 4 款纯电动车型，包括秦 Plus EV、2021 款唐 EV、宋 Plus EV 和 2021 款 e2，全部采用"刀片蓄电池"。除了这 4 款新车，比亚迪董事长王传福宣布，比亚迪旗下的纯电动车型开始全面切换刀片蓄电池，并全面启用针刺试验，作为企业标准。

"刀片蓄电池"成为近两年来比亚迪的核心竞争力，具备 6 大技术创新：超级安全、超级寿命、超级续航、超级强度、超级功率和超级低温。

"刀片蓄电池"应归入上述哪种蓄电池类型呢？

五、其他类型动力源的结构、工作原理及应用

（一）燃料电池

燃料电池（Fuel Cell）是一种将存在于燃料与氧化剂中的化学能直接转化为电能的发电装置。它从外表上看有正、负极和电解质等，类似一个蓄电池，但它不是储能元件而是一个发电装置。

燃料电池技术是继水力发电、热能发电和原子能发电之后的第 4 种发电技术。它是一种把燃料所具有的化学能直接转换成电能的化学装置，又称电化学发电器。

1. 燃料电池的结构

燃料电池的主要构成组件为电极、电解质隔膜与集电器等。

（1）电极 燃料电池的电极是燃料发生氧化反应与氧化剂发生还原反应的电化学反应场所。电极主要可分为两部分，其一为正极，另一为负极，厚度一般为 200～500mm；结构设计为多孔结构。设计成多孔结构的主要原因是燃料电池所使用的燃料及氧化剂大多为气体（例如氧气、氢气等），而气体在电解质中的溶解度并不高，为了提高燃料电池的实际工作电流密度与降低极化作用，故发展出多孔结构的电极，以增加参与反应的电极表面积。

目前高温燃料电池的电极主要是以触媒材料制成，例如固态氧化物燃料电池（SOFC）的 Y_2O_3—Stabilized—ZrO_2（YSZ）及熔融碳酸盐燃料蓄电池（MCFC）的氧化镍电极等；而低温燃料电池主要是由气体扩散层支撑薄层触媒材料而构成，例如磷酸燃料电池（PAFC）与质子交换膜燃料电池（PEMFC）的白金电极等。

（2）电解质隔膜 电解质隔膜的主要功能是分隔氧化剂与还原剂并传导离子，故电解质隔膜越薄越好，但要具有一定的强度，其一般厚度约为数十毫米至数百毫米；隔膜材质主要有两个发展方向，其中一个方向是先以石棉膜、碳化硅膜、铝酸锂膜等绝缘材料制成多孔隔膜，再浸入熔融锂-钾碳酸盐、氢氧化钾与磷酸等中，使其附着在隔膜孔内；另一个方向是采用全氟磺酸树脂（如 PEMFC）及 YSZ（如 SOFC）。

（3）集电器 集电器又称作双极板，具有收集电流、分隔氧化剂与还原剂、疏导反应气体等功用。集电器的性能主要取决于其材料特性、流场设计及其加工技术。

2. 燃料电池的工作原理

如图 2-1-21 所示，燃料电池的发电原理是：蓄电池的正极（燃料极）输入氢气（燃料），氢分子在正极催化剂作用下被离解成为氢离子（H^+）和电子

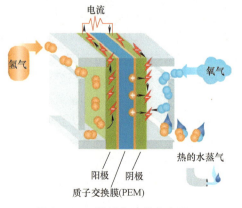

图 2-1-21 燃料电池的发电原理

（e^-），H^+穿过燃料电池的电解质层向负极（氧化极）方向运动，e^-因不能通过电解质层而由一个外部电路流向负极；在燃料电池负极输入氧气，氧气在负极催化剂作用下离解成为氧原子，与通过外部电路流向负极的e^-和燃料穿过电解质的H^+结合生成稳定结构的水，完成电化学反应放出热量。这种电化学反应与氢气在氧气中发生的剧烈燃烧反应是完全不同的，只要正极不断输入氢气，负极不断输入氧气，电化学反应就会连续不断地进行下去，e^-就会不断通过外部电路流动形成电流，从而连续不断地向汽车提供电力。燃料电池具有效率高、噪声低、无污染物排出等优点。

3. 燃料电池的特点

表 2-1-4 为燃料电池和锂离子蓄电池的对比。

表 2-1-4　燃料电池与锂离子蓄电池的对比

蓄电池类型	氢燃料电池	锂离子蓄电池
时间	补给时间短，直接加氢	充电时间长，充满电需要 3~8h 不等
污染程度	氢燃料电池主要的燃料是氢，在使用寿命结束后，不会对环境造成污染	锂离子蓄电池含有重金属镍、钴、砷等有毒污染物，要进行回收处理
续航	续航里程均超过 500km	普遍在 150~250km
充电站成本	氢站成本高达 100 万~200 万美元	一个特斯拉超级充电站修建成本约 30 万美元
蓄电池成本	氢燃料电池化学反应所需的催化剂成本高，使用的铂这种稀有贵金属，价格比黄金还高	锂离子蓄电池广泛使用在汽车中，成本低，已经商业化

4. 燃料电池的应用

氢燃料电池汽车最早诞生的时候，虽然有着续航时间长、加氢时间短这两大优势，但因成本高、安全性存疑、加氢站太少等问题等并不被看好。

但是相比目前常见的传统燃油汽车和纯电动汽车，氢燃料电池汽车具有十足的优势。和传统燃油汽车比，它在排放上可以做到真正的零碳排放，具有节能减排的属性；和电动汽车相比，具备加氢快、续航强的优势，同时不用担心电池的处理问题。

（1）丰田 FCHV-adv 燃料电池汽车　2008 年，丰田推出了 FCHV-adv 燃料电池汽车，这款车搭载了丰田第二代燃料电池。该车依然基于汉兰达的平台改装而来，使用了 4 个 70MPa 的储氢罐，行驶里程达到了 760km，如图 2-1-22 所示。

（2）丰田 Mirai 燃料电池汽车　如图 2-1-23 所示，Mirai 在节能方面非常出色，根据测试显示，50km 的续航仅需要 1kg 的氢气。一辆 Mirai 内有两个超过 60L 的大容量储氢罐（图 2-1-24），这两个储氢罐安置在后排座椅下，两个储氢罐加起来的氢气量，维持的续航里程约为 500km。

图 2-1-22　丰田 FCHV-adv 燃料电池汽车

图 2-1-23　丰田 Mirai 燃料电池汽车

（3）现代 NEXO 燃料电池汽车　2018 年现代汽车推出了新一代的氢燃料电池汽车——NEXO（图 2-1-25），这是现代汽车环保车系列中的技术旗舰车型。这款车型的环保燃料电池动力传动系统对氢能源利用率和零部件效率进行了最大程度的优化。

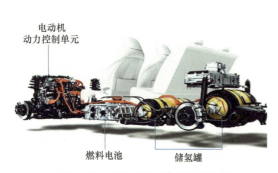

图 2-1-24　丰田 Mirai 燃料电池布置

图 2-1-25　现代 NEXO 燃料电池汽车

NEXO 的燃料电池系统效率可达 60%，具有 800km 的超强续航能力，5min 就能加满氢能源，-30℃ 能正常起动，在行驶的过程中，可以过滤及净化空气，在环保技术上极具优势。

（4）大众的 3 款燃料电池汽车　在 2014 年的洛杉矶车展上，大众集团发布了 3 款燃料电池汽车，3 款车型都采用了大众集团自主研发的第四代的 100kW 低温质子交换薄膜技术的燃料电池堆栈，续航里程超过 500km，如图 2-1-26 所示。

图 2-1-26　大众 3 款燃料电池汽车

（5）中国氢燃料电池汽车发展现状　在燃料电池乘用车方面，投入研发的主要企业是上汽集团，已完成前后四代氢燃料电池汽车的开发。在国家创新工程支持下，上汽氢燃料电池汽车在动力性、续驶里程等性能指标方面取得了重大进步。表 2-1-5 为国内外部分氢燃料电池汽车对比。

表 2-1-5　国内外部分氢燃料电池汽车对比

参数	丰田 Mirai	现代 ix35	本田 Clarity	通用 Equinox	荣威 950
整车整备质量/kg	1850	2290	1890	2010	2080
0~100km/h 加速性能/s	10	12.5	10	12	12
最大时速/(km/h)	160	160	161	160	160
一次加氢续驶里程/km	650	415	750	320	430
燃料蓄电池堆功率/kW	114	110	100	93	43
储氢质量/kg	5	5.64	—	4.2	4.2
动力系统构型	全功率型	全功率型	全功率型	全功率型	Pulg-in

（二）超级电容

哈尔滨工业大学电磁与电子技术研究所研究出了用超级电容做储能器件的电动客车，这是一种只需充电15min便能连续行驶25km，最高时速可达52km的电动客车。图2-1-27所示为超级电容客车效果图。

1. 超级电容的结构与工作原理

超级电容的容量比通常的电容大得多。由于其容量很大，对外表现和蓄电池相同，因此也称作"电容蓄电池"或说"黄金蓄电池"。超级电容属于双电层电容，是一种通过极化电解质来储能的电化学元件，但在储能过程中并不发生化学反应，而且储能过程是可逆的，可以反复充放电数十万次。超级电容是目前世界上已投入量产的双电层电容中容量最大的一种，其基本原理和其他种类的双电层电容

图2-1-27 超级电容客车效果图

一样，都是利用活性炭多孔电极和电解质组成的双电层结构获得超大的容量。

超级电容的结构如图2-1-28所示，工作原理如图2-1-29所示。它采用活性炭材料制作成多孔电极，同时在相对的碳多孔电极之间充填电解质溶液。当在两端施加电压时，相对的多孔电极上分别聚集正、负电子，而电解质溶液中的正、负离子将由于电场作用分别聚集到与正、负极板相对的界面上，从而形成两个集电层，相当于两个电容器串联。由于活性炭材料具有不小于 $1200m^2/g$ 的超高比表面积（即获得了极大的电极面积），而且电解液与多孔电极间的界面距离不到1nm（即获得了极小的介质厚度）。这种双电层电容比传统的物理电容的容值要大很多，比容量可以提高100倍以上，从而使单位质量的电容量可达100F/g，并且电容的内阻能保持在很低的水平，碳材料还具有成本低、技术成熟等优点，从而使利用电容进行大电量的储能成为可能，且在实际使用时，可以通过串联或者并联提高输出电压或电流。

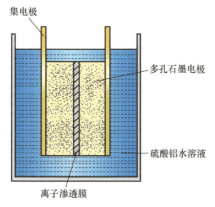

图2-1-28 超级电容的结构

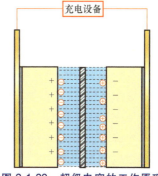

图2-1-29 超级电容的工作原理

2. 超级电容的特点

1）充电速度快。只要充电几十秒到几分钟就可达到其额定容量的95%以上；而现在使用广泛的铅酸蓄电池充电通常需要几个小时。

2）循环使用寿命长。深度充、放电循环使用次数可达50万次，如果对超级电容每天充放电20次，连续使用可达68年。如果相应地和铅酸蓄电池比较，它的使用寿命可达68年，且没有"记忆效应"。

3）大电流放电能力超强：能量转换效率高，过程损失小，大电流能量循环效率不小于90%。

4）功率密度高：可达 300~5000W/kg，相当于普通蓄电池的数十倍；比能量大大提高，可达 10kW/kg，而铅酸蓄电池一般只能达到 200W/kg。

5）产品原材料构成、生产、使用、储存以及拆解过程均没有污染，是理想的绿色环保能源。

6）充、放电电路简单。无须像充电蓄电池那样的充电电路，安全系数高，可长期使用免维护。

7）超低温特性好：使用环境温度范围宽达-40~+70℃。

8）检测方便：剩余电量可直接读出。

3. 超级电容的发展

（1）超级电容的发展　超级电容在美国、日本、俄罗斯、瑞士、韩国、法国等国家起步较早，美国的 Maxwell，日本的 NEC、松下、Tokin 和俄罗斯的 Econd 公司等，占据全球大部分市场。近年来广西北海星石碳材料科技有限公司已经研制出超级电容活性炭，并成功建立了具有绿色环保、安全特点的高品质有机体系超级电容活性炭的连续生产线。表 2-1-6 为国内外超级电容主要发展状况。

表 2-1-6　国内外超级电容主要发展状况

时间	主要纪事
1996 年	俄罗斯研制出以超级电容做电源的电动汽车
2004 年	上海完成了世界上第一台超级电容总线及快速充电站
2006 年	上海 11 路公交线路成为全球首个商业超级电容公交线路
2009 年	Nano tecture 开发混合动力电动汽车的超级电容
2010 年	德国 MAM 生成混合动力客车使用超级电容和电动机
2014 年	上海奥威超级电容公交车在保加利亚首都索菲亚首次上路
2018 年	俄、芬科学家联合研发出柔性超级电容器
2018 年	中国超级电容活性炭在广西北海规模化生产,打破国外技术垄断

（2）超级电容汽车的发展　我国对超级电容及其应用的研究起步相对较晚，但动力型超级电容的应用水平与国际接轨，甚至超越国际水平。

2019 年 9 月我国自主创新的新型快充高能量智能超级电容汽车在上海市公交线路投入运营，如图 2-1-30 所示。此高能量电容城市客车，配备了新一代高能量超级电容技术，在充电时间不变的情况下，可有效减少车辆充电次数，降低了充电桩建设投入。它仅在公交起止站充电数分钟，就可以完成 20~30km 的线路运营，无须中途站充电，大大提升了乘车舒适度和营运车辆机动性，杜绝了原先中途站的充电噪声。

上海外滩建成了世界首创的直流超级快充智能公交站，如图 2-1-31 所示，一天可全自动、全天候为一百多辆新型超级电容公交车进行充电。

图 2-1-30　新型快充高能量智能超级电容汽车

图 2-1-31　直流超级快充智能公交站

(三) 飞轮蓄电池

飞轮蓄电池是 20 世纪 70 年代提出的新概念蓄电池，它突破了化学蓄电池的局限，用物理方法实现储能。最初的应用对象就是电动汽车，但由于当时的技术限制，没有得到实际应用，直到 20 世纪 90 年代，碳纤维技术的广泛应用才使这种蓄电池得到了高速发展，目前伴随着轴承技术的发展，飞轮蓄电池已展示出广阔的应用前景。

1. 飞轮蓄电池的结构和原理

飞轮蓄电池包括飞轮、轴、轴承、电机、真空容器和电力电子变换器，如图 2-1-32 所示。其中，飞轮是整个装置的核心部件，它直接决定了整个装置的储存能量。电力电子变换器通常是由金属-氧化层半导体场效应晶体管（MOSFET）和绝缘栅型场效应晶体管（IGBT）组成的双向变换器，它们决定了飞轮装置的能量输入、输出量。

飞轮蓄电池的工作原理是外部电能经电力电子变换器输入，驱动电动机旋转，电动机带动飞轮旋转，飞轮储存动能（机械能）。当外部负载需要能量时，用飞轮带动发电机旋转，将动能转化为电能，再通过电力电子变换器变成负载所需要的各种频率、变压等级的电能，以满足不同的需求。由于电能输入、输出是彼此独立的，设计时常将电动机和发电机用一台电机来实现，输入输出变换器也合并成一个，这样就可以大大减小系统的体积和质量。充电时，飞轮蓄电池

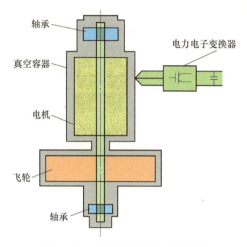

图 2-1-32 飞轮蓄电池结构示意图

中的电机以电动机形式运转，在外电源的驱动下，电动机带动飞轮高速旋转；放电时，电机则以发电机状态运转，在飞轮的带动下对外输出电能，完成机械能到电能的转换。在实际工作中，飞轮的转速至少为 40000r/min，最高可达 200000r/min，一般金属制成的飞轮无法承受这样高的转速，所以飞轮一般都采用碳纤维制成，以减小整个系统的重量。为了减少充、放电过程中的能量损耗，电机和飞轮都采用磁悬浮轴承以减少机械摩擦，同时将飞轮和电机放置在真空容器中，以减少空气摩擦，这样飞轮蓄电池的输入、输出效率可达 95% 左右。

2. 飞轮蓄电池的特点

飞轮蓄电池兼顾了化学蓄电池、燃料蓄电池和超导蓄电池等储能装置的诸多优点，主要体现在以下几个方面：

1) 能量密度高：储能密度可达 100~200W·h/kg，功率密度可达 5000~10000W/kg。
2) 能量转换效率高。飞轮蓄电池工作效率高达 90%~95%。
3) 工作温度范围宽。飞轮蓄电池对环境温度没有严格要求，工作温度范围宽。
4) 使用寿命长。飞轮蓄电池不受重复深度放电影响，能够循环几百万次运行，预期使用寿命 20 年以上。
5) 低损耗、低维护。磁悬浮轴承和真空环境使飞轮蓄电池机械损耗可以被忽略，系统维护周期长。

飞轮蓄电池目前存在一些缺点：

1) 因为实际中飞轮转速可达 40000r/min 以上，一般金属制成的飞轮无法承受这样高的转速，容易解体，所以飞轮一般都采用碳纤维制成，而制造飞轮的碳纤维材料目前成本比较高。
2) 飞轮一旦充电，就会不停转动下去，浪费能量。例如给一辆飞轮蓄电池汽车充电后，该汽车可以行驶 3h，若汽车行驶了 2h 后，车主需要就餐 0.5h，那么，这期间飞轮就在那里白白转动。不过飞轮空转时，由于没有负载，能量损失不会太大。此外针对这种情况，可以给飞轮蓄

电池配备化学充电蓄电池,当不需要用电时,可把飞轮转动的电能充进化学蓄电池中,但是给飞轮蓄电池配备化学蓄电池会导致汽车或设备的重量有所增加。

3. 飞轮蓄电池在汽车上的应用

(1) 交通运输　飞轮蓄电池充电快、放电完全,非常适合供车辆应用。现在由于成本和小型化的问题,飞轮蓄电池仅在部分电动汽车和火车上有示范性应用,并且主要是混合动力电动汽车。混合动力电动汽车在下坡、滑行或制动时,飞轮蓄电池能大量地存储动能;车辆在起步、加速或爬坡时,飞轮蓄电池给车辆提供动力,保证车辆在最优状态下运转。

(2) 不间断电源　飞轮蓄电池作为稳定电源,可提供几秒到几分钟的电能,这段时间足以保证工厂进行电源切换。德国 GmbH 公司制造了一种使用飞轮蓄电池的不间断电源(UPS),在 5s 内可提供或吸收 5MW 的电能。

此外沃尔沃在赛车上应用的动能回收系统(KERS)采用的就是机械飞轮储能结构,将来自车身的动能储存在一块质量为 6kg、直径为 20cm 的碳纤维组成的飞轮模块中,需要释放时,其通过 CVT 变速模块将能量传递至后桥直接驱动车轮。根据官方测试的结果表明,使用了该技术的四缸涡轮增压发动机性能可以达到六缸涡轮增压发动机的水平,同时相比六缸涡轮增压发动机可减少 25% 的油耗。

(四) 固态蓄电池

2018 年,美国菲斯科汽车公司发布了一项全新的固态蓄电池技术,如图 2-1-33 所示。据悉,固态蓄电池的能量密度是常规锂离子蓄电池的 2.5 倍,能够让电动汽车的行驶里程数增加到 804km 以上。更为惊人的是,其充电时间仅需 1min,甚至比传统燃油汽车加油的速度还快。菲斯科汽车公司预计此项研究将于 2023 年正式应用到电动汽车上。

随后,全球多个车企和蓄电池厂家发布了固态蓄电池相关的研发进展,包括丰田、松下、三星、三菱、宝马、大众、现代、戴森等企业。对比锂离子蓄电池,固态蓄电池用新型电解材料取代液体电解质,一劳永逸地消除了电解液反应过程中的危险隐患与不稳定因素;在相同质量下,固态蓄电池拥有目前市面上最高性能锂离子蓄电池两倍的能量密度,一旦量产使用,很可能引发电动汽车储能的革命性突破。

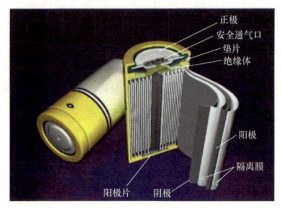

图 2-1-33　固态蓄电池

固态蓄电池拥有两个十分显著的优势,一是固态蓄电池基于固态材料不可燃、无腐蚀、不挥发、不漏液等条件,安全系数较之锂离子蓄电池有着先天的优势;二是固态蓄电池在最为关键的能量密度方面,有望彻底解决纯电动汽车的里程焦虑。

固态蓄电池的电解质无需隔膜和电解液,并不存在漏液、腐蚀等问题,可以简化蓄电池外壳及冷却系统模块,进一步减轻蓄电池模组的重量,达到节能的效果。此外,全新的正、负极材料配套可以使得电化学窗口达到 5V 以上,从根本上提高能量密度,有望达到 500W·h/kg。

不过固态蓄电池虽好,但根据现有的研发进展来看,还有两项技术难题尚未攻克,一是固态电解质在室温条件下的离子电导率不高,二是固态电解质与正、负极之间界面阻抗比较大。

在国内,宁德时代、比亚迪、国轩高科、中航锂电、珈伟股份等蓄电池厂商都在布局固态蓄电池,其中宁德时代以硫化物电解质为主要研发方向。在国际上,丰田、松下、三星、三菱、宝马、大众、现代、戴森等企业均在加紧布局固态蓄电池技术的储备。

拓展延伸

2021年，我国新能源汽车销量为352.1万辆，同比2020年增长1.6倍。截至2021年底，我国新能源汽车保有量达784万辆，占汽车总量的2.6%，占全球新能源汽车保有量的一半左右。新能源汽车销量连续4年超过100万辆，呈持续高速增长态势，连续7年位居全球第一，成为全球汽车产业电动化转型的重要驱动力。比亚迪、吉利等进入全球新能源乘用车销量前十，全球影响力进一步提升。宁德时代、比亚迪、中航锂电、国轩高科、亿纬锂能等动力蓄电池企业的装机量排名全球前十，成为全球重要供应商。

学习任务二　动力蓄电池组的拆卸与检测

任务描述

客户的一辆纯电动汽车出现故障送到4S店，经检测后，发现是动力蓄电池的故障，现在需要将动力蓄电池进行更换。作为一名维修技师，请按照规范流程对电动汽车动力蓄电池进行更换。

学习目标

1）熟悉电动汽车的动力蓄电池拆装流程。
2）能够进行动力蓄电池的基本检查及绝缘检测。
3）能够与客户进行良好的沟通，处理客户委托书，完成客户车辆交付。
4）培养学生的工匠精神，提高学生维修新能源汽车的业务能力。

相关知识

一、吉利帝豪EV450动力蓄电池的拆装

1. 拆卸过程

1）打开吉利帝豪EV450纯电动汽车前机舱盖。
2）断开辅助蓄电池负极连接。
3）高压下电。
4）支撑动力蓄电池总成，如图2-2-1所示。
① 将车辆用举升机升起。注意：举升时确保举升机的支撑点没有支撑在动力蓄电池上。
② 置入平台车，使用平台车支撑动力蓄电池总成。
5）拆卸动力蓄电池总成。
① 断开动力蓄电池出水管与水泵（蓄电池）的连接，如图2-2-2所示。
② 断开动力蓄电池进水管与蓄电池膨胀壶的连接。
③ 断开动力蓄电池的两个高压线束插接

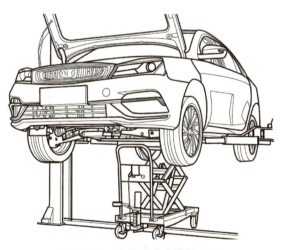

图2-2-1　支撑动力蓄电池总成

器 2，如图 2-2-3 所示。

④ 断开动力蓄电池与前机舱线束的两个线束插接器 1。

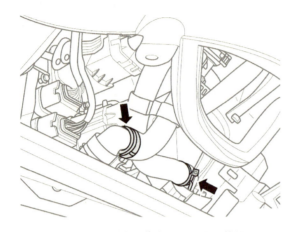

图 2-2-2　断开动力蓄电池进、出水管接头　　图 2-2-3　断开动力蓄电池的低压及高压线束插接器

⑤ 拆卸动力蓄电池搭铁线固定螺栓，如图 2-2-4 所示。

⑥ 拆卸动力蓄电池防撞梁 4 个固定螺栓，如图 2-2-5 所示。

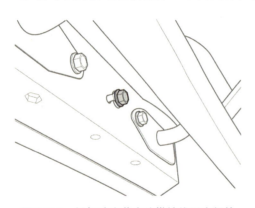 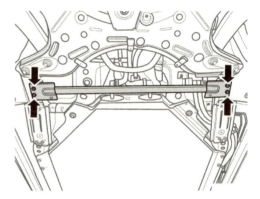

图 2-2-4　拆卸动力蓄电池搭铁线固定螺栓　　图 2-2-5　拆卸动力蓄电池防撞梁固定螺栓

⑦ 拆卸动力蓄电池总成后部 3 个固定螺栓，如图 2-2-6 所示。

⑧ 拆卸动力蓄电池总成前部两个固定螺栓，如图 2-2-7 所示。

⑨ 拆卸动力蓄电池总成左、右各 7 个固定螺栓。

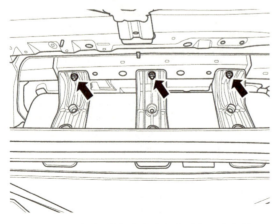 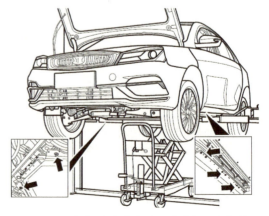

图 2-2-6　拆卸动力蓄电池总成后部固定螺栓　　图 2-2-7　拆卸动力蓄电池总成前部固定螺栓

⑩ 缓慢下降平台车，取出动力蓄电池总成。注意：动力蓄电池下降过程中平台车缓慢向前移动，可以避免动力蓄电池与后悬架发生干涉。

2. 安装程序

1）安装动力蓄电池总成

① 缓慢举升平台车，调整平台车的位置，使动力蓄电池总成上的安装孔与车身对齐。

> **注意**：动力蓄电池上升过程中将举升平台缓慢向后移动，可以避免动力蓄电池与车身发生干涉。

② 安装并紧固动力蓄电池总成后部 3 个固定螺栓，紧固力矩为 78N·m。
③ 安装并紧固动力蓄电池总成前部 2 个固定螺栓，紧固力矩为 78N·m。
④ 安装并紧固动力蓄电池总成左、右各 7 个固定螺栓，紧固力矩为 78N·m。
⑤ 连接动力蓄电池与前机舱线束的两个线束插接器。
⑥ 连接动力蓄电池的两个高压线束插接器。注意：插接时注意"一插、二响、三确认"。
⑦ 安装动力蓄电池搭铁线固定螺栓，紧固力矩为 9N·m。
⑧ 连接动力蓄电池出水管与水泵（蓄电池）。
⑨ 连接动力蓄电池进水管与蓄电池膨胀壶。注意：插接时注意"一插、二响、三确认"。

2）连接直流母线连接充电机端插件。

3）连接蓄电池负极电缆。

4）关闭机舱盖。

二、比亚迪 e5 动力蓄电池的拆装

若确定动力蓄电池有问题需要维修，应按照厂家维修手册规范地更换蓄电池。一般按以下步骤拆卸更换：

1）将车辆退电至 OFF 档，断开 12V 蓄电池负极连接，等待 5min。

2）拆开中间储物盒盖板，佩戴绝缘手套，拔掉维修开关，如图 2-2-8 所示。

3）用举升机将整车升起到合适的高度。

4）使用专用的举升设备托住蓄电池包。

5）佩戴绝缘手套，拔掉动力蓄电池包的蓄电池信息采样通信接插件，然后拔直流母线接插件，拔掉液冷管路接头，如图 2-2-9、图 2-2-10 所示。

6）使用 18mm 套筒卸掉托盘周边紧固件，卸下动力蓄电池包。

7）佩戴绝缘手套，用万用表测试更新的动力蓄电池包母线是否有电压输出。若没有电压输出，则更换装车。

图 2-2-8 维修开关

8）佩戴绝缘手套，将新的动力蓄电池包放到蓄电池包举升设备上并拔出维修开关。

9）举升过程中，使用工具做导向，使蓄电池包安装孔位对准。

10）佩戴绝缘手套，安装托盘的紧固件，紧固力矩为 125±5N·m。

11）佩戴绝缘手套，接动力蓄电池包直流母线接插件，然后接蓄电池信息采样通信线接插件，接上液冷管路接头。

12）佩戴绝缘手套，插上维修开关，装好间储物盒盖板。

图 2-2-9　蓄电池信息采样通信接插件和直流母线接插件

图 2-2-10　液冷管路接头

13）重新标定 SOC，上电确认、车辆无故障返修完毕。入库要求车辆 SOC ≥ 30%，如果 SOC < 30%，需进行充电。

14）打开前舱盖，加蓄电池冷却液（要求加注原厂提供的冷却液），同时使用 VDS 起动液冷水泵。液体加注到液冷最大（V_{max}）位置，详细操作见维修手册。

15）起动上电，车辆正常，开车行驶 5km，然后检查蓄电池冷却液是否下降。如果不下降，更换完毕；如果冷却液下降，需要补装蓄电池冷却液。

三、动力蓄电池的检测

1. 动力蓄电池外观检查

1）举升车辆，目测动力蓄电池底部有无磕碰、划伤、损坏的现象。若有，应及时予以修理或更换。

2）检查动力蓄电池的低压插接件、高压插接件有无变形、松脱、密封及损坏等情况。若有，应及时予以修理或更换。

3）检查动力蓄电池的铭牌、高压标识有无脱落。

4）检查动力蓄电池固定螺栓的紧固力矩（吉利 EV450 动力蓄电池的紧固力矩为 78N·m）。

2. 动力蓄电池箱内部维护

1）检查模组连接件，用绝缘的扭力扳手紧固螺栓至规定力矩。

2）检查电压采集线束，将电压采集线从板插接件拔下、安装 1 次。

3）检查熔断器，使用万用表测量熔断器的通断。

4）检查电箱密封，目测密封条是否完好，否则进行更换。

5）检查高低压插接件可靠性，检查是否有松动、破损、腐蚀等情况。

6）检查动力蓄电池箱安装点，目测每个安装点焊接处是否有裂纹。

7）检查保温，目测动力蓄电池箱内部边缘保温棉是否脱落、破损。

8）检查动力蓄电池高、低压线缆，检查动力蓄电池箱内高、低压线缆是否破损、受挤压变形。

9）检测单体蓄电池电压、内阻一致性。

3. 动力蓄电池绝缘检测

1）进行绝缘测试前，按照规范操作进行下电作业。

① 关闭点火开关（OFF）。

② 断开辅助蓄电池负极连接。

③ 下高压电。

2）断开动力蓄电池正、负极端子。

3）将绝缘电阻测试仪的黑表笔接于车身，红表笔逐个测量动力蓄电池正、负极端子。

4）测量电阻值除以选择的测量电压，若结果大于 500Ω/V，表示绝缘良好。

知识延伸

国产>35kg 大型锂离子蓄电池首飞

2021 年 10 月 20 日，宁德时代>35kg 的大型动力锂离子蓄电池搭乘俄罗斯空桥货运航空公司 RU389 航班自中国浦东机场出发，于 21 日凌晨 3：00 顺利抵达德国法兰克福机场。这是我国生产的>35kg 大型动力蓄电池首次通过航空运输出口。

根据国际标准规定，>35kg 的锂离子蓄电池通过航空运输需获得始发国主管当局和航空公司所在国主管当局的 A99 特殊审批函。自 2019 年启动工作以来，通过与中国民航危险品运输管理中心、俄罗斯空桥货运航空公司的共同协作，在民航华东地区管理局、福州海关的大力支持下，宁德时代不断摸索、克服重重难题，于 2021 年 9 月 7 日，获得了由中国民用航空华东地区管理局颁发的中国首个国产>35kg 锂离子蓄电池航空运输 A99 特殊审批函；于 9 月 13 日获得俄罗斯民航局颁发的 A99 特殊审批函。

获得 A99 特殊审批函，意味着>35kg 的锂离子蓄电池将被允许进行航空运输，其运输效率大幅提高，可节省 85% 以上的运输时间，从而增强国产蓄电池在国际市场的竞争力。

项目三 蓄电池管理系统的结构、原理与检修

蓄电池管理系统是电动汽车的重要组成部分,通过本项目的学习,学生应能准确地讲述蓄电池管理系统的作用和组成,蓄电池管理系统的功能、工作模式及控制原理等;能在常见新能源汽车上找到蓄电池管理系统的各个部件;能按照生产厂家的技术规范对蓄电池管理系统进行简单的检查和元器件的更换;能针对蓄电池管理系统常见故障进行诊断与排除。

学习任务一 蓄电池管理系统认知

任务描述

小白想买一辆纯电动汽车,由于蓄电池管理系统是纯电动汽车的核心部件之一,因此想了解关于蓄电池管理系统的知识。作为新能源汽车技术专业人员,你能给小白介绍一下纯电动汽车的蓄电池管理系统吗?

学习目标

1) 能准确地讲述蓄电池管理系统的作用及组成。
2) 能准确地讲述蓄电池管理系统的功能及工作模式。
3) 能正确识别常见品牌电动汽车的蓄电池管理系统。
4) 培养学生认真学习、不断探索的精神,提高学生服务新能源汽车后市场的能力。
5) 培养学生建立爱岗敬业、团队协作的意识和一专多能的职业素养。

情境与问题

2021年11月18日,长城公司公布了旗下首款车型的名字——机甲龙。机甲龙定位于纯电动轿跑车,配备了长城最新研发的大禹蓄电池,蓄电池容量为115kW·h,CLTC工况下,续航里程可达802km,同时支持800V超级快充,峰值电流高达600A,充电10min可实现CLTC续航401km。

不仅如此,它的动力性能也十分强劲,机甲龙采用了前、后高性能永磁同步电机,最大功率为400kW,峰值转矩为750N·m,加上四驱系统和米其林高性能轮胎,0~100km/h加速时间为3.7s,比保时捷Taycan 4S(4s)还快。

请问:长城机甲龙的蓄电池管理系统需要具有哪些工作模式?

相关知识

蓄电池管理系统（Battery Management System，BMS）是蓄电池系统的重要组成部分。蓄电池管理系统是集监测、控制与管理为一体的控制系统，与动力蓄电池相互配合工作，是保护和管理动力蓄电池的重要部件。蓄电池管理系统承担着以下任务：

1）计算整车的剩余电量（SOC）和充电提醒。
2）对蓄电池进行温度、电压、电流的检测。
3）漏电检测和异常情况报警。
4）充放电控制和预充电控制。
5）蓄电池一致性的检测。
6）系统自检等。

一、蓄电池管理系统的作用及组成

蓄电池管理系统按性质可分为硬件和软件，按功能分为数据采集单元和控制单元。BMS的硬件有采集系统（CSC）、蓄电池管理控制器及高压分配单元，还包括采集电压、电流、温度等数据的电子器件。软件部分用来监测蓄电池的电压、电流、SOC值、绝缘电阻值、温度值，通过与VCU、充电机的通信来控制蓄电池系统的充放电，如图3-1-1所示。

蓄电池管理系统（BMS）的具体作用如下：

1）通过电压、电流传感器采集蓄电池组的串联模块电压、总电压和总电流，控制蓄电池组的充放电，监控动力蓄电池的状态，防止动力蓄电池出现过充电和过放电，延长动力蓄电池的使用寿命。
2）作为动力蓄电池和整车控制器以及驾驶人沟通的桥梁，并向整车控制器上报蓄电池系统的基本参数、剩余电量及故障信息。
3）有高压回路绝缘检测功能，可检测蓄电池组与箱体、车体等之间的绝缘状况。
4）通过对温度检测实现对动力蓄电池过高温和过低温保护，具有对动力蓄电池加热控制的功能。

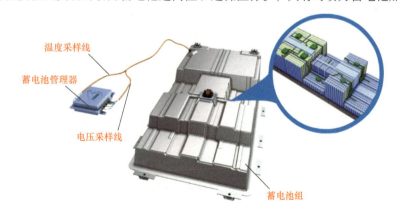

图3-1-1 蓄电池管理系统

二、蓄电池管理系统的功能及工作原理

蓄电池管理系统可以测量蓄电池电压、电流、温度，防止或避免蓄电池出现过放电、过充电、过温等异常状况。

（一）蓄电池管理系统的基本功能

蓄电池管理系统（BMS）是蓄电池保护和管理的核心部件，它的作用是保证蓄电池安全可靠地使用，控制蓄电池组的充、放电，并向 VCU 上报蓄电池系统的基本参数及故障信息。蓄电池管理系统是集监测、控制与管理为一体的、复杂的电气测控系统，也是电动汽车商品化、实用化的关键部件。

常见蓄电池管理系统的功能主要包括数据采集、数据显示、状态估计、热管理、数据通信、安全管理、能量管理和故障诊断等，如图 3-1-2 所示。

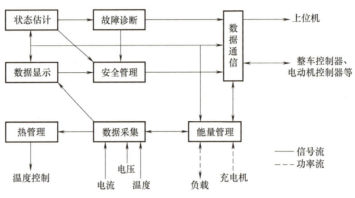

蓄电池管理系统硬件拓扑结构

图 3-1-2 蓄电池管理系统功能框图

1. 数据采集

数据采集是蓄电池管理系统所有功能的基础，需要采集的数据信息有蓄电池组总电压和电流、蓄电池模块电压和温度等。蓄电池管理系统的所有算法都是以采集的动力蓄电池数据作为输入，采样速率、精度和前置滤波特性是影响蓄电池系统性能的重要指标。电动汽车蓄电池管理系统的采样速率一般要求大于 200Hz。图 3-1-3 所示为蓄电池管理器的数据采集结构示意图。

蓄电池采集器结构展示

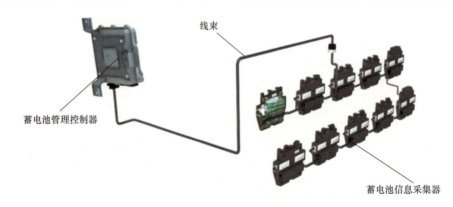

蓄电池管理器数据采集组成

图 3-1-3 蓄电池管理器的数据采集结构示意图

2. 蓄电池状态估计

蓄电池状态估计包括 SOC（荷电状态）估计和 SOH（性能状态，也称健康状态）估计。SOC 提供蓄电池剩余电量的信息，是计算和估计电动汽车续驶里程的基础。SOH 提供蓄电池健康状态的信息，预计可用寿命。目前的蓄电池管理系统都实现了 SOC 估计功能（图 3-1-4），但 SOH 估计技术尚不成熟。

3. 热管理

热管理是当动力蓄电池工作温度偏高时

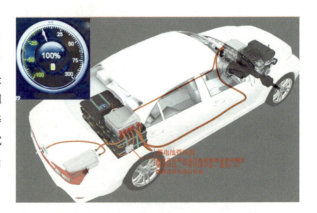

图 3-1-4 蓄电池管理器电量（SOC）估算

对其进行冷却、低于适宜工作温度下限时对其进行加热,使动力蓄电池处于适宜的工作温度范围内,并在动力蓄电池工作过程中保持蓄电池单体间温度均衡。对于大功率放电和高温条件下使用的动力蓄电池,动力蓄电池的热管理尤为必要。

4. 数据通信

数据通信指蓄电池管理系统与整车控制器、电机控制器等车载设备及非车载设备进行数据交换的功能,为充放电控制、整车控制提供数据依据。根据应用需要,数据交换可采用不同的通信接口,如模拟信号、PWM 信号、CAN 总线或串行接口,如图 3-1-5 所示。

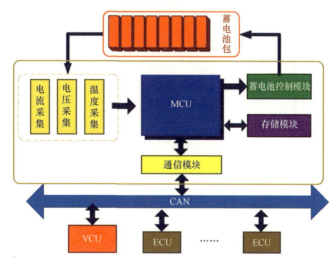

图 3-1-5　蓄电池管理器数据通信

5. 安全管理

安全管理指蓄电池管理系统在蓄电池组的电压、电流、温度、SOC 等出现不安全状态时给予及时报警并进行断路等紧急处理。现在,在对蓄电池组进行整组监控的同时,多数蓄电池管理系统可对单体蓄电池进行过充电、过放电、过热等安全状态管理。

6. 能量管理

能量管理包括以电流、电压、温度、SOC 和 SOH 为输入进行充电过程控制,以 SOC、SOH 和温度等参数为条件进行放电功率控制两个部分,其中包括对蓄电池组内单体或模块进行电量均衡。

7. 故障诊断

故障诊断指使用相关技术及时发现蓄电池组内出现故障的单体或模块。

(二) 蓄电池管理系统的工作原理

蓄电池管理系统的主要工作原理可简单归纳为:数据采集单元采集动力蓄电池的状态信息数据后,由电控单元(ECU)进行数据处理和分析,然后蓄电池管理系统根据分析结果对系统内的相关功能模块发出控制指令,并向外界传递参数信息。

三、蓄电池管理系统的工作模式

蓄电池管理系统可工作于下电模式、准备模式、放电模式、充电模式和故障模式 5 种工作模式。

1. 下电模式

下电模式是整个系统的低压与高压处于不工作状态的模式。在下电模式下,蓄电池管理系统控制的所有高压接触器均处于断开状态,低压控制电源处于不供电的状态,只有动力蓄电池内部控制器的低压常供电有静态维持电流,如图 3-1-6 所示。

蓄电池管理系统的工作模式

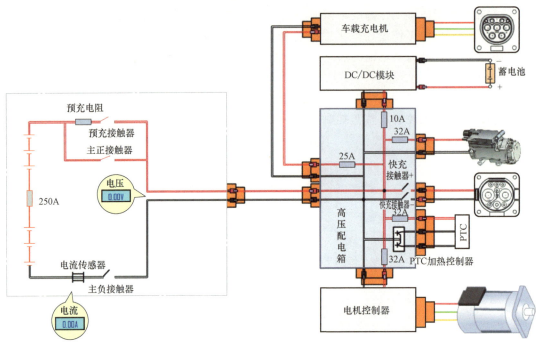

图 3-1-6　蓄电池管理系统（BMS）处于下电模式

2. 准备模式

在准备模式下，系统所有的接触器均处于未吸合状态。在该模式下，系统可接收外界的 ON 档开关信号，整车控制器、电机控制器、充电插头开关等部件发出的信号或受 CAN 总线控制的低压信号来驱动控制各高压接触器，从而使蓄电池管理系统控制初始化，自检完成后，蓄电池管理系统进入放电模式。

3. 放电模式

当蓄电池管理系统自检合格后，检测到起动钥匙的高压上电信号后，系统将首先闭合负极接触器。由于驱动电机是感性负载，电机控制器内部电路有大电容，为防止过大的电流冲击，负极接触器闭合后，先闭合与正极接触器并联的预充电阻和预充接触器，进入预充电状态；当电机控制器内电容两端电压达到母线电压的 90% 时，立即闭合正极接触器，延迟 10ms 后，断开预充接触器进入放电模式，如图 3-1-7 所示。

蓄电池管理系统高压接触器结构

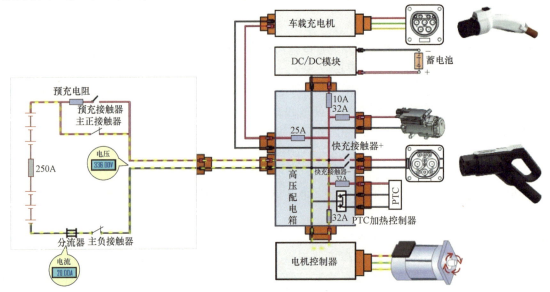

图 3-1-7　蓄电池管理系统（BMS）处于放电状态

目前汽车常用低压电源由 12V 的铅酸蓄电池提供，不仅可为低压控制系统供电，还需为助力转向电动机、刮水器电动机、安全气囊及后视镜调节电动机等提供电源。为保证辅助蓄电池能持续为整车控制系统供电，辅助蓄电池需有充电电源，而 DC/DC 变换器接触器的开启即可满足这一需求，因此，当蓄电池系统处于放电状态时，主正接触器闭合后即闭合 DC/DC 变换器接触器，以保证低压电源持续供电，如图 3-1-8 所示。

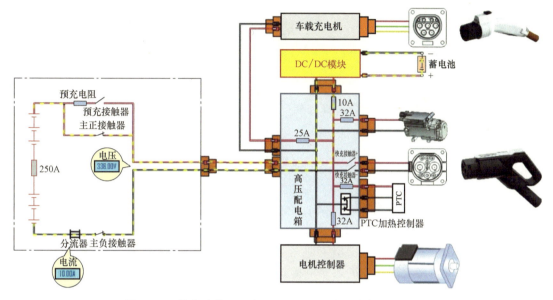

图 3-1-8　蓄电池管理系统（BMS）处于辅助蓄电池充电状态

4. 充电模式

蓄电池管理系统检测到充电唤醒信号时，系统即进入充电模式，如图 3-1-9 所示。在慢充模式下，主、负接触器与车载充电器接触器闭合，同时为保证低压控制电源持续供电，DC/DC 变换器接触器仍需处于工作状态。在充电模式下，蓄电池管理系统不响应点火开关发出的任何指令，充电插头提供的充电唤醒信号可作为充电模式的判定依据。

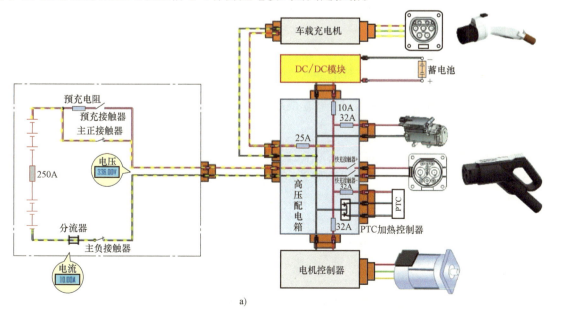

a)

图 3-1-9　蓄电池管理系统（BMS）处于动力蓄电池充电状态

a）慢充状态

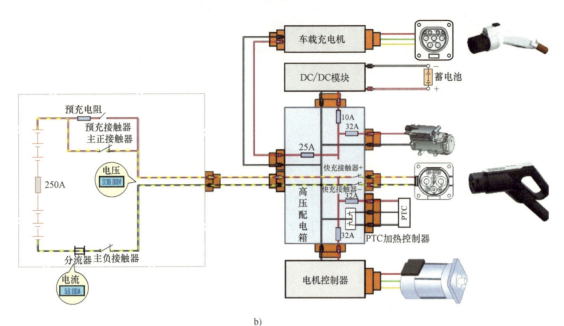

b)

图 3-1-9 蓄电池管理系统（BMS）处于动力蓄电池充电状态（续）
b) 快充状态

对于磷酸铁锂离子蓄电池，其低温下的充电特性不好，甚至伴随有一定的危险性，因此基于安全考虑，应在蓄电池管理系统进入充电模式之前对其进行一次温度判别。当蓄电池组内的温度低于 0℃ 时，蓄电池管理系统进入充电预热模式，此时通过接通蓄电池组内加热继电器向铺设在动力蓄电池箱内的加热毯供电，对蓄电池模组预热；当蓄电池组内的温度高于 0℃ 时，系统可进入充电模式，即闭合主、负接触器。

5. 故障模式

故障模式是控制系统中常出现的一种状态。由于动力蓄电池具有高压电，关系到使用者和维修人员的人身安全，因而系统对于各种相应模式采取"安全第一"的原则。蓄电池管理系统对于故障的响应需根据故障等级而定，当其故障等级较低时，蓄电池管理系统采取报错或者发出报警信号的方式告知驾驶人；当故障等级较高，甚至伴随有危险时，蓄电池管理系统采取断开高压接触器的控制策略。

辅助蓄电池是整车控制系统的供电来源，无论是处于充电模式、放电模式还是故障模式，DC/DC 变换器接触器的闭合都可使辅助蓄电池处于充电模式，从而保证低压控制系统工作正常。

四、常见品牌电动汽车蓄电池管理系统介绍

1. 比亚迪 e5 蓄电池管理系统

（1）蓄电池管理系统的功能　蓄电池管理系统（BMS）是蓄电池系统的"大脑"，其位置如图 3-1-10 所示。比亚迪 e5 采用了分布式蓄电池管理系统，由 1 个蓄电池管理器、1 个蓄电池信息采集器（BIC）和动力蓄电池采样线组成。

蓄电池管理器是比亚迪 e5 动力控制部分的核心，负责整车电动系统的电力控制并监测高压电力系统的用电状态，采取保护措施以保证车辆安全运行。其详细功能有充放电管理、接触器控制、功率控制、蓄电池异常状态报警和保护、SOC/SOH（剩余电量/容量）计算、自检以及通信功能等。

蓄电池信息采集器的主要功能有蓄电池电压采样、温度采样、蓄电池均衡、采样线异常检测等。动力蓄电池采样线的主要功能是连接蓄电池管理器和蓄电池信息采集器，实现两者之间的通信及信息交换。

图 3-1-10 蓄电池管理系统的位置

（2）蓄电池管理器控制框图　蓄电池管理器控制框图如图 3-1-11 所示。蓄电池管理器连接在车辆的动力及充电 CAN BUS 网络上，并通过专用信号采样线采集蓄电池包内每个单体蓄电池的电压和温度信号。此外，结合来自整车控制器的指令，通过控制位于高压配电箱内接触器的通断，控制电机控制器的高压电接通以及外部充电功能。

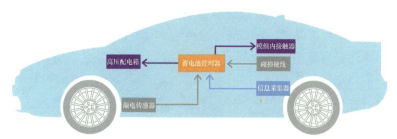

图 3-1-11 蓄电池管理器控制框图

2. 吉利帝豪 EV450 蓄电池管理系统

（1）蓄电池管理系统的组成与功能　吉利 EV450 的蓄电池控制单元（BMU）安装在动力蓄电池内。动力蓄电池由 17 个蓄电池模组通过高压连接片串联而成。每个蓄电池模组都安装有温度和电压信号采样线，将这些信号传递给蓄电池控制单元。蓄电池控制单元包含 13 个插接器接口，每个插接器接收不同的蓄电池模组信息，包括单体电压、电流、温度及整车高压绝缘等信息。吉利帝豪 EV450 蓄电池管理系统的组成如图 3-1-12 所示。

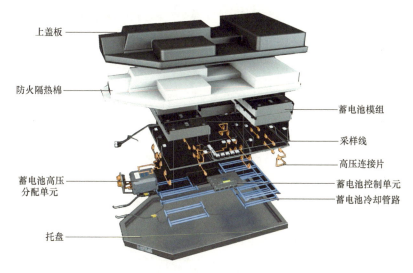

图 3-1-12 吉利帝豪 EV450 蓄电池管理系统的组成

蓄电池管理系统（BMS）能够对动力蓄电池组总电压、总电流、每个测点温度和单体蓄电池的电压参数进行实时监控，进行故障诊断、SOC（剩余电量）计算、短路保护、漏电监测、报警显示、充放电模式选择等。BMS 可以将动力蓄电池相关参数上报 VCU，由 VCU 控制动力蓄电池的充电和放电功率。

蓄电池高压分配单元内部主要包含主正接触器、主负接触器、预充接触器以及预充电阻等。接触器用来控制高压电路的通断，预充电阻用来在整车高压上电初期对电容进行限制充电，如果没有预充电阻，高压电直接加在电容上相当于瞬间短路，过大的短路电流会损坏高压电气元件。

（2）蓄电池智能温控管理系统　在寒冷的情况下锂离子的活性会降低，动力蓄电池的活性也会大大降低，但是吉利蓄电池管理系统所搭载的智能温控管理系统能够实现智能的温控管理，常态保持三元锂离子蓄电池的最佳工作状态，确保整车高效充放电。这项技术在中国品牌纯电动汽车领域处于领先位置。它能保障动力蓄电池的性能，有效减少外部气温对动力蓄电池的影响，使动力蓄电池可以在-30~55℃安全、有效地进行充电。

3. 蔚来汽车蓄电池管理系统

蔚来汽车从管理蓄电池全生命周期入手，延缓蓄电池衰减，确保蓄电池全生命周期内性能平稳。为此，整个蓄电池储能系统研发设计不仅要在安全性能、动力性能上满足车辆行驶工况要求，还要考虑后续梯次利用需求，并实现快速换电。图 3-1-13 所示为蔚来 ES8 电动汽车。

蔚来汽车采用液冷恒温技术，具有换热系数高、冷却和加热速度快等特点，不仅能帮助蓄电池散热，还可以更加精准地进行温控，帮助蓄电池保温。

工作时，电芯的温度传递到模组与冷却底板接触，再通过导热垫传给液冷板，液冷板外壁把热量传导到冷却液达到降温的目的。加热过程与冷却过程类似。

电芯健康程度、外界温度变化和充放电倍率是影响电芯本体 SOC 性能的 3 个重要因素。蔚来汽车蓄电池管理系统具备 SOC 精准测量与估算、优秀的均衡策略、实时 SOH 计算预估、蓄电池监控和实时预警等特性，可保障蓄电池性能稳定输出，确保动力蓄电池有长使用寿命。

图 3-1-13　蔚来 ES8 电动汽车

通过 BMS 预估 SOC，其目的是尽量纠正测量误差，通过提升传感器测量精度和提升芯片处理能力并配以强大的算法处理能力，利用软硬件性能的最优化设计提升精度。

知识拓展

根据企业官方介绍，蔚来 ES8 蓄电池使用寿命：1500 次充放电循环衰减不高于 20%，换电零部件支持 10000 次换电，130s、590℃持续火烧无安全问题，从 1m 高度自由落体在钢板上，蓄电池包结构完整，功能正常，3.5% 氯化钠海水时间浸泡测试，蓄电池无进水，功能正常，一次-40℃和 85℃冷热交替静置 8h，蓄电池功能正常，承受 200kN 水平积压无安全问题。

4. 特斯拉汽车蓄电池管理系统

特斯拉汽车的 BMS 能够提供精确的蓄电池健康状态预估技术、蓄电池均衡管理技术、蓄电池残电量管理技术、蓄电池热管理技术、诊断与预警技术。即使是同样蓄电池容量的电动汽车，由于 BMS 的不同，其续航里程、充电时间、起动加速时间和蓄电池使用寿命大不相同。

特斯拉汽车通过其强大的蓄电池管理系统，可以有效实现超过 7000 节 18650 号蓄电池的一致性管理，达到高安全性和可靠性目标。此外，在蓄电池冷却、安全、电荷平衡等与 BMS 相关的领域，特斯拉汽车公司申请的核心专利超过 140 项，BMS 技术是特斯拉汽车公司的核心竞争力之一。

特斯拉汽车蓄电池组的每一模组都有其独立的蓄电池管理系统，其中的感应器和芯片随时监控每粒蓄电池的温度变化，遇到意外情况时能以毫秒级别时间关闭蓄电池。

学习任务二　蓄电池管理系统的控制策略

任务描述

一辆吉利帝豪 EV450 纯电动汽车出现动力蓄电池状态显示异常的故障，你的主管初步判断是蓄电池管理系统方面的问题，要求你利用诊断仪器进行进一步诊断，你能完成这个任务吗？

学习目标

1）能准确地讲述动力蓄电池的电量管理策略。
2）能准确识别动力蓄电池的均衡管理的类型及工作原理。
3）能正确地讲述蓄电池管理系统的安全管理及数据采集策略。
4）能对蓄电池管理系统常见故障进行故障诊断与排除。
5）能够与客户进行良好的沟通，处理客户委托书，完成客户车辆交付。
6）提高学生人文素养，培养学生深入学习、认真钻研的工匠精神。

相关知识

一、动力蓄电池的电量管理

动力蓄电池电量管理是蓄电池管理的核心内容之一，对于整个蓄电池状态的控制、电动汽车续驶里程的预测和估计具有重要的意义。

由于动力蓄电池荷电状态（SOC）是非线性的并且受到多种因素的影响，导致蓄电池电量估计和预测方法复杂，准确估计 SOC 比较困难。

1. 动力蓄电池荷电状态（SOC）估算精度的影响因素

（1）充、放电电流　当充、放电电流大于额定充、放电电流时，可充、放电容量低于额定容量；反之，当充、放电电流小于额定充、放电电流时，可充、放电容量大于额定容量。

（2）温度　不同温度下蓄电池组的容量存在着一定的变化，温度段的选择及校正因素直接影响蓄电池的性能和可用电量。

（3）蓄电池容量衰减　蓄电池的容量在循环过程中会逐渐减少，因此对电量的校准条件就需要不断变化，这是影响模型精度的一个重要因素。

（4）自放电　自放电大小主要与环境温度有关，具有不确定性，需要按实验数据进行修正，这会影响蓄电池荷电状态（SOC）的估算。

（5）一致性　蓄电池组的一致性对电量的估算有重要的影响。蓄电池组的电量是按照总体蓄电池的电压来估算和校正的，如果蓄电池单体差异较大，将导致估算的精度误差很大。

2. 精确估计 SOC 的作用

（1）保护动力蓄电池　过充电和过放电都会对动力蓄电池造成永久性的损害，严重缩短动力蓄电池的使用寿命。准确控制动力蓄电池 SOC 范围可避免动力蓄电池过充电和过放电。

（2）提高整车性能　SOC 不准确，蓄电池性能不能充分发挥，整车性能会降低。

（3）降低对动力蓄电池的要求　准确估算SOC，动力蓄电池性能可得到充分使用，降低对动力蓄电池性能的要求。

（4）提高经济性　选择较低容量的动力蓄电池可以降低整车制造成本，同时，由于提高了系统的可靠性，后期维护成本得到降低。

二、动力蓄电池的均衡管理

由于生产制造和工作环境的影响会造成蓄电池单体的不一致性，在电压、容量、内阻等性质上出现差别，导致每个单体蓄电池在实际使用过程中有效容量和充、放电电量是不一样的。因此，为保证蓄电池系统的整体性能和延长使用寿命，为减少单体蓄电池之间的差异性而对蓄电池进行均衡控制是十分必要的。

均衡管理有助于蓄电池容量的保持和放电深度的控制。根据蓄电池自身储电与放电特性，当某个蓄电池单体充满电时其他蓄电池单体没有充满，或者某个最小电量的单体蓄电池放电截止时其他蓄电池还没有达到放电截止限制的现象，这是一种蓄电池自我保护的特性，也是为了防止出现蓄电池过充或者过放电的现象，导致蓄电池内部会发生一些不可逆的化学反应使蓄电池的性质受到影响，从而影响蓄电池的使用寿命。

为了平衡蓄电池单体的容量和能量差异，提高蓄电池组的能量利用率，在蓄电池组的充、放电过程中需要使用均衡电路。

根据均衡过程中所传递能量的处理方式不同，均衡可以分为被动均衡（又称为能量耗散型均衡）和主动均衡（又称为非能量耗散型均衡）。被动均衡主要让蓄电池组内能量较高的蓄电池，利用其旁路电阻进行放电的方式损耗部分能量，以达到蓄电池组能量状态的一致，这种均衡结构以损耗蓄电池组能量为代价，并且由于生热问题导致均衡电流不能过大，适用于小容量蓄电池系统，以及能量能够及时得到补充的系统，如混合动力电动汽车。

主动均衡拓扑结构已经出现很多种，本质上是利用储能元件和均衡旁路构建能量传递通道，将其从能量较高的蓄电池直接或间接转移到能量较低的蓄电池。这种均衡效率高，能量转移而不是被消耗，但结构复杂带来成本的上升。

1. 被动均衡

被动均衡

被动均衡常借助开关功能，并联电阻，使电压高的单体蓄电池电流流过电阻产生消耗，从而与电压最低的单体蓄电池匹配，如图3-2-1所示。虽然此方式能做到电路结构紧凑和控制简单，但电能消耗会使充电效率下降。

2. 主动均衡

主动均衡

主动均衡的具体实施方案有很多种，从理念上可以分成削高填低式均衡和并联式均衡两大类。削高填低就是把电压高的电芯的能量转移一部分出来给电压低的电芯，从而推迟最低单体电压触及放电。削高填低式均衡有电容式均衡、电感式均衡和变压器式均衡3种。并联式均衡只在充电过程中发挥作用。

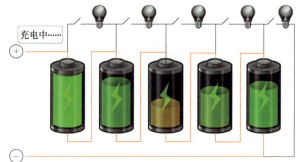

图3-2-1　消耗电阻方式均衡示意图

（1）电容式均衡　如图3-2-2所示，设单体蓄电池1、蓄电池3分别为组内电压最高、最低单体，图中所有功率开关管为常开，当均衡器发出均衡指令时，功率开关管S_1、Q_2闭合，此时单体蓄电池1给电容充电，控制功率开关管的占空比来控制充电功率和时间，充电结束后，功率开关管S_1、Q_2断开，功率开关管S_3、Q_4闭合，电容给单体蓄电池3充电，此时蓄电池组内不均衡度降低，均衡结束。

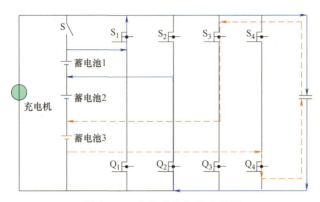

图 3-2-2　电容式均衡电路简图

（2）电感式均衡　如图 3-2-3 所示，充电过程中，功率开关管 S 闭合，充电机给蓄电池组充电。此时蓄电池组右侧开关管全部断开，均衡系统不开启。设单体蓄电池 1 电压开始明显高于其他蓄电池并达到均衡阈值时均衡系统开启，功率开关管 S_1、Q_2 闭合，电感与单体蓄电池 1 并联，起到分流的作用，电感储存来自充电机与蓄电池 1 的能量；当功率开关管 S_1、Q_2 置于断开，功率开关管 Q_3、S_4 置于闭合时，电感给充电过程的单体蓄电池 3 释放一定能量。

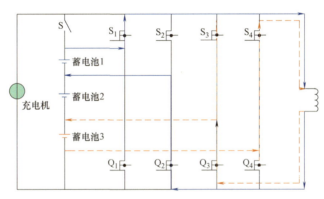

图 3-2-3　电感式均衡电路简图

（3）变压器式均衡　在变压器均衡过程中，变压器既作为吸收能量源又作为释放能量源，吸收与释放能量的转换在于能量在磁能与电能之间的转换。

如图 3-2-4 所示，设单体蓄电池 1 电压最高，将功率开关管 S_1、Q_2 闭合，其他开关管断开，此时变压器作为吸收能量源，能量由蓄电池 1 给的电能转换为磁能；功率开关管 S_1、Q_2 置断开，功率开关管 Q_3、S_4 置闭合，能量由一次绕组传递给二次绕组，能量释放给单体蓄电池 3，能量由磁能转换为电能。

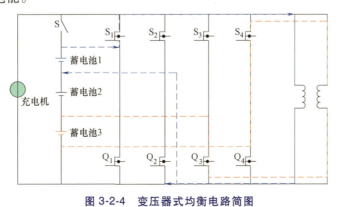

图 3-2-4　变压器式均衡电路简图

（4）并联式均衡　并联式均衡是在锂离子蓄电池充电过程中，分流充电电流，给电压低的锂离子蓄电池单体多充电，而电压高的锂离子蓄电池单体少充电。不出现"削高填低"的过程，避免了最高和最低电压锂离子蓄电池单体的额外充放电负担，而影响锂离子蓄电池单体及整个锂离子蓄电池组的使用寿命。

理想的均衡方式是所有锂离子蓄电池单体能量及端电压相同，并联锂离子蓄电池组内锂离子蓄电池单体电压始终相等。在并联的锂离子蓄电池组中，电压高的锂离子蓄电池单体自发给电压低的锂离子蓄电池单体充电。串联锂离子蓄电池组想要应用此原理，就需要改变原锂离子蓄电池组的拓扑结构。

并联式拓扑结构中，每节单体蓄电池都有一个单刀双掷的开关继电器，所以 n 节并联蓄电池组内需要 $n+1$ 个继电器，如图 3-2-5 所示。

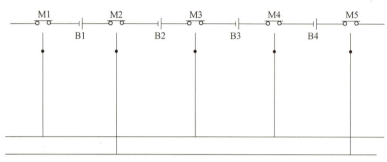

图 3-2-5　并联式均衡拓扑结构

三、动力蓄电池的安全管理

电动汽车蓄电池系统常用的电压均大于 300V，已经大大超过了人体可以承受的安全电压，因此电气绝缘性能是安全管理重要的内容，绝缘性能的好坏不仅关系到电气设备和系统能否正常工作，还关系到人的生命财产安全。

（一）蓄电池安全管理系统的功能

蓄电池安全管理系统主要有烟雾报警、绝缘检测、自动灭火、过电压和过电流控制、过放电控制、防止温度过高、在发生碰撞的情况下关闭电源等功能。

动力蓄电池安装在电动汽车上，因此必须满足车辆部件的耐振动、耐冲击、耐跌落、耐盐雾等强度和可靠性要求，保证可靠应用。此外，为满足防水、防尘要求，动力蓄电池包应满足一定的 IP 防护等级，根据车辆的总体要求，一般的 IP 防护等级要求不低于 IP55。

在极端工况下，通过蓄电池安全管理系统应能实现动力蓄电池的高压断电保护、过电流断开保护、过放电保护、过充电保护等功能。

（二）烟雾报警

在车辆行驶过程中，由于路况复杂及蓄电池本身的工艺问题，可能由于过热、挤压和碰撞等原因而导致蓄电池出现冒烟或着火等极端恶劣的事故，若不能及时发现并进行有效处理，势必导致事故进一步扩大，对周围蓄电池、车辆以及车上人员构成威胁，严重影响车辆运行的安全性。为防患于未然，近年来烟雾检测被引入蓄电池管理系统和监测中，并越来越受到重视。

蓄电池管理系统中烟雾报警的报警装置应安装在驾驶人控制台上，在接收到报警信号时，迅速发出声光报警和故障定位，保证驾驶人能够及时发现，能接收报警器发出的报警信号。

（三）动力蓄电池的保护

纯电动汽车驱动能量的唯一来源是动力蓄电池，因此纯电动汽车的高压电配置中只有动力蓄电池组一个高压母线电路，高压电安全管理系统对高压电路的用电及安全进行直接的管理和控制。

安全保护作为整个蓄电池管理系统最重要的功能，主要包括过电流保护、过充及过放保护、过温保护和绝缘监测。

(1) 过电流保护　由于蓄电池都具备一定的内阻，当蓄电池在工作时电流过大会造成蓄电池内部发热，热量积累增加造成蓄电池温度上升，从而导致蓄电池的热稳定性下降。对于锂离子蓄电池来说，正、负极材料的脱嵌锂离子能力是一定的，当充、放电电流大于其脱嵌能力时，将导致蓄电池的极化电压增加、蓄电池的实际容量减小，影响蓄电池的使用寿命，严重时会影响蓄电池的安全性。蓄电池管理系统会判断电流值是否超过安全范围，一旦超过则会采取相应的安全保护措施。

(2) 过充、过放保护　在充电过程中，充电电压超过蓄电池截止充电电压时，蓄电池内正极晶格结构会被破坏，导致蓄电池容量变小，并且电压过高会增加正、负极短路发生爆炸的隐患。因此过充电是被严格禁止的。BMS会检测系统中单体蓄电池的电压，当电压超过充电限制电压时，BMS会断开充电回路从而保护蓄电池系统。

在放电过程中，放电电压低于蓄电池放电截止电压时，蓄电池负极上的金属集流体将被溶解，给蓄电池造成不可逆的损害。给过度放电的蓄电池充电时，会有内部短路或者漏液的可能。当电压超过放电限制电压时，BMS会断开放电回路从而保护蓄电池系统。

(3) 过温保护　对于过温保护，需要结合热管理功能进行。蓄电池活性在不同温度下有所不同，长时间处在高温环境下，蓄电池材料的结构稳定性会变差，从而会缩短蓄电池的使用寿命。低温下蓄电池活性受限会造成可用容量减小，尤其是充电容量将变得很小，同时可能产生安全隐患。蓄电池管理系统在蓄电池温度超过高温限制值或是低于低温限制值时，均会禁止进行充、放电。

(4) 绝缘监测　动力蓄电池是电动汽车的动力源，由于车辆使用环境恶劣，并且随着蓄电池的使用、蓄电池组自身或蓄电池组之间的连接线老化等多种原因，会导致蓄电池组和车辆底盘之间的绝缘出现问题。由于动力蓄电池的电压较高，如果出现了绝缘问题会给车辆的驾驶人和乘客以及维修人员造成人身伤害。为安全起见，电动汽车高压电路与车身搭铁电路必须绝缘。BMS会实时监测动力蓄电池包输出总正极端和总负极端对车身搭铁的绝缘阻值，如果出现绝缘阻值低于安全限值，则会上报故障并断开高压电。

现阶段，蓄电池包外壳多采用金属材料制成，在符合要求的电压条件下，蓄电池包正极和负极与金属外壳之间的绝缘电阻应大于20MΩ。表3-2-1为工作电压所对应的绝缘电阻测试仪电压等级。

表3-2-1　工作电压所对应的绝缘电阻测试仪电压等级

蓄电池包额定工作电压 U_1/V	绝缘电阻测试仪的电压等级/V
$U_1 \leq 60$	250
$60 < U_1 \leq 300$	500
$300 < U_1 \leq 750$	1000

(四) 动力蓄电池的热管理

动力蓄电池的热管理指防止各单体蓄电池超过推荐使用的温度范围上限值的功能。用最大输出功率连续行驶和快速充电时，单体蓄电池会因自身内部电阻而发热。如果超过上限温度，不仅会使蓄电池容量和输出性能下降，还会发生蓄电池鼓胀等问题。模块管理单元监测各单体蓄电池或是蓄电池组的温度，避免其超过上限温度。在抑制输出电流和充电电流的同时，需要借助动力蓄电池冷却系统强制降低温度，当动力蓄电池工作温度超高时进行冷却，而低于适宜工作温度下限时对蓄电池进行加热，使动力蓄电池处于适宜的工作温度范围内，并在蓄电池工作过程中保持动力蓄电池单体间温度均衡。对于大功率放电和高温条件下使用的动力蓄电池，其热管理尤为必要。

蓄电池管理系统加热管理功能

1. 动力蓄电池热管理系统的功能

动力蓄电池热管理系统有如下 5 项主要功能：

1）准确测量和监控蓄电池的温度。
2）蓄电池组温度过高时进行有效散热和通风。
3）低温条件下进行快速加热。
4）有害气体产生时进行有效通风。
5）保证蓄电池组温度场的均匀分布。

2. 蓄电池内传热的基本方式

蓄电池内热传递方式主要有热传导、对流换热和辐射换热 3 种方式。蓄电池和环境交换的热量也是通过辐射、传导和对流 3 种方式进行的。

热辐射指物体由于具有温度而辐射电磁波的现象。蓄电池热辐射主要发生在蓄电池表面，与蓄电池表面材料的性质相关。

热传导指物体与物体直接接触而产生的热传递。蓄电池内部的电极、电解液、集流体等都是热传导介质，而将蓄电池作为整体，蓄电池和外部环境的温度和环境热传导性质决定了环境中的热传导。

热对流指蓄电池表面的热量通过环境介质（一般为流体）的流动交换热量，它和温差成正比。对于单体蓄电池内部而言，热辐射和热对流的影响很小，热量的传递主要是由热传导决定的。蓄电池自身吸热的大小与其材料的比热容有关，比热容越大，散热越多，蓄电池的温升越小。如果散热量不小于产生的热量，则蓄电池温度不会升高。如果散热量小于所产生的热量，热量将会在蓄电池体内产生热积累，使蓄电池温度升高。

3. 蓄电池组热管理系统实现形式

按照传热介质，可将蓄电池热管理系统分为空冷、液冷和相变材料冷却 3 种。考虑到材料的研发以及制造成本等问题，目前最有效且最常用的散热系统采用空气和冷却液作为散热介质。按照散热风道结构不同，空气冷却系统可分为串行通风方式和并行通风方式两种，如图 3-2-6、图 3-2-7 所示。串行通风气流会将先流过地方的热量带到后流过的地方，从而导致两处温度不一致，且温差较大；并行通风气流是直立上升型气流，这样可更均匀地分配气流，从而保证蓄电池包各处散热的一致性。

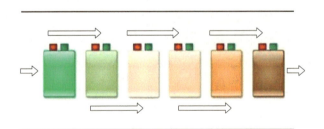

图 3-2-6 串行通风

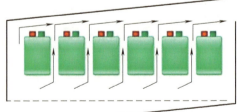

图 3-2-7 并行通风

现在高速电动汽车为了增大散热量常采用冷却液强制循环冷却方式，利用大量冷却液的循环流动带走蓄电池自身热量。

除了为蓄电池散热以外，热管理系统在环境温度过低的情况下会对蓄电池组加热，以提高蓄电池组的工作效率。加热系统与散热系统采用同一套系统部件，只是增设了加热元件，部分车辆通过安装电加热装置提升加热效果，例如吉利 EV450 电芯加热策略就采用只在充电模式下

启动加热系统。按照蓄电池系统的温度范围和充电类型不同,加热系统有以下情况:

1) 如果单体电芯平均温度 $T<-20℃$,则车载交流充电模式下进行充电前预热,即只加热不充电;不支持直流充电。

2) 如果 $-20℃≤$ 单体电芯平均温度 $T≤10℃$,则车载交流充电模式下与直流充电模式下边充边加热。

3) 如果单体电芯平均温度 $T>10℃$,则加热不启动。

四、蓄电池管理系统的数据采集

数据采集功能作为蓄电池管理系统中其他功能的基础与前提,其采集的精度和速度直接反映蓄电池管理系统的优劣。数据采集的对象一般为电压、电流和温度。

蓄电池管理系统中的其他功能(如 SOC 状态分析、均衡管理等)都是以采集获取的数据为基础进行分析及处理的。

在实际使用过程中,蓄电池在不同温度下的电化学性能不同,导致蓄电池所放出的能量不同的。锂离子蓄电池对电压和温度比较敏感,因此在对蓄电池的 SOC 进行评估时必须考虑温度的影响。

霍尔传感器工作原理

BMS 的主要任务及相应的传感器输入和输出控制见表 3-2-2。

表 3-2-2 BMS 的主要任务及相应的传感器输入和输出控制

主要任务	传感器输入信号	执行器
防止过充	动力蓄电池电压、电流和温度	充电器
避免深放	动力蓄电池电压、电流和温度	电机控制器
温度控制	动力蓄电池温度	热管理系统
动力蓄电池组件电压和温度的均衡	动力蓄电池电压和温度	均衡装置
预测动力蓄电池的 SOC 和剩余行驶里程	动力蓄电池电压、电流和温度	显示装置
动力蓄电池诊断	动力蓄电池电压、电流和温度	非在线分析装置

1. 单体蓄电池电压测量和电压监控

单体蓄电池电压的测量对于蓄电池管理系统有如下意义:一是可以用来累计获得整个蓄电池组的电压;二是可以根据单体蓄电池电压压差来判断单体差异性;三是可以用来检测单体蓄电池的运行状态。

单体蓄电池电压的采集和保护目前都用 ASIC 电路来完成,而采集电压的精度不仅仅需要考虑 ASIC 电路本身的精度,也需要考虑单体蓄电池电压采样线束、线束保护用熔丝、均衡状态等多项内容。由于对电压采集精度的敏感度,与蓄电池化学体系和 SOC 范围(SOC 两端的需求往往较高)都有关系,实际上的 ASIC 电路采集得到的电压数据需要经过还原成接近蓄电池本身的电压。

单体蓄电池电压采集的目的是了解当前动力蓄电池中任意一个单体蓄电池的电压情况,来判断每个单体蓄电池的充电终止和放电终止条件,防止过充电和过放电,保证蓄电池使用安全。

因单体蓄电池电压采集信息量较大,大部分电动汽车采集蓄电池模块电压来实现对蓄电池模块和单体蓄电池的检测。蓄电池模块电压采集是蓄电池管理系统中的重要一环,其性能和精度决定了系统对蓄电池状态判断的准确程度,并进一步影响后续的控制策略是否有效实施。

> **小知识**
>
> ASIC（Application Specific Integrated Circuit）即专用的集成电路，是一种为专门目的而设计的集成电路，应特定用户要求和特定电子系统的需要而设计、制造的集成电路。
>
> 特点：面向特定用户的需求，ASIC 在批量生产时与通用集成电路相比具有体积更小、功耗更低、可靠性提高、性能提高、保密性增强、成本降低等优点。

2. 蓄电池包电压测量

在计算 SOC 的时候，往往会用蓄电池组的总电压来核算，这是评价蓄电池包性能的重要参数之一。若采用单体蓄电池电压累加计量而成，蓄电池单体电压采样会存在有一定的时间差异性，这个差异无法与蓄电池传感器的数据实现精确对齐，因此往往采集蓄电池包电压作为主参数来进行运算（图 3-2-8）。在诊断继电器的时候，是需要蓄电池包内、外电压一起比较的，所以一般测量蓄电池包电压至少进行两路测量 U_0 和 U_1，如图 3-2-9 所示。

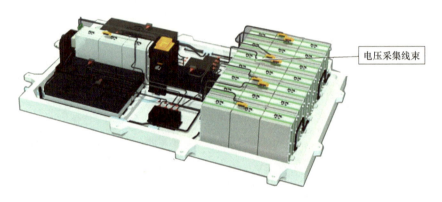

图 3-2-8 蓄电池包电压采集

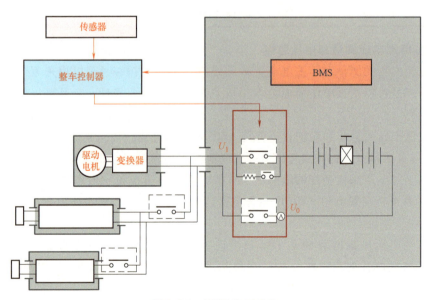

图 3-2-9 BMS 高压采集

3. 电流测量

几乎所有的 BMS 都具备电流测量功能，BMS 将测量到的电流传递给主控制器，形成闭环反馈控制。一方面可以准确控制充电过程中充电机的输出电流，实现既定充电策略；另一方面控制负载放电电流,保证蓄电池放电过程中的安全。BMS对电流测量的精度要求很高,许多动力蓄电池的剩余电量估算基于电流计算,高精度的电流测量才能够保证高精度的SOC计算。蓄电池包内的单体蓄电池以串联的形式为整车提供电能,因此电流测量一般只需要测量动力蓄电池母线电流即可。

由于蓄电池系统需要处理的电流数值往往瞬时很大,例如车辆加速所需要的放电电流和能量回收时的充电电流,因此评估测量蓄电池包的输出电流(放电)和输入电流(充电)的量程和精度是一件极其精确的工作。

动力蓄电池母线电流检测常用两种检测方法:一种是在高压回路串联电流传感器,如图3-2-10所示;另一种是将霍尔电流传感器套在高压母线上,如图3-2-11所示。霍尔电压和电流传感器都是根据霍尔效应制作的磁场传感器,在参数测量原理上基本一致,具有测量精确度高、线性度好、工作频带长、过载和抗干扰能力强、测量范围大等优点。同时,在参数测量过程中使用霍尔传感器,主电路回路和单片机系统的隔离安全性更高。

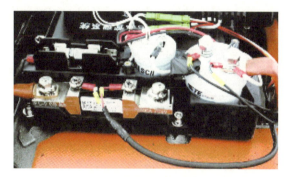
图3-2-10　高压回路串联电流传感器

图3-2-11　高压母线上嵌套霍尔电流传感器

4. 蓄电池温度

温度对蓄电池的参数有着很大的意义,因此从设计到使用都应该进行严格、精确的考虑。在设计蓄电池和模组的时候,必须先期控制单体蓄电池内外的温度差异、蓄电池和母线焊接处的材料对温度的要求、模组内单体蓄电池温度差异和蓄电池包内最大温度差等参数。

《电动汽车用动力蓄电池性能要求及试验要求》(GB/T 31486—2015)中关于蓄电池模块在高温和低温下的性能要求为:

① 在-20±2℃下的1C放电容量不低于初始容量的70%。

② 在55±2℃下的1C放电容量不低于初始容量的90%。

③ 在55±2℃下100%SOC存储7天后,其荷电保持率不低于初始容量的85%,容量恢复应不低于初始容量的90%。

5. 高压互锁检测(HVIL)

高压互锁的目的主要是确认整个高压系统的完整性。当高压系统回路断开或者完整性受到破坏时,蓄电池管理系统必须启动高压安全保护措施。

高压互锁检测系统可以在高压总线上电之前保证整个系统的完整性,也就是在蓄电池系统主、负继电器闭合给电之前就可以防患于未然。

高压互锁装置采用低压导线作为信号线,与高压电源线并联在高压线束护套管内,并将所有高压部件串联起来形成回路。由于高压互锁插头中高压电源的正、负极端子与中间互锁端子的物理长度不同(图3-2-12),所以当连接高压插头时,高压插头的电源端子会先于中间互锁端子完成连接;断开高压插头时,中间互锁端子会先于高压电源的正、负极端子脱开,从而避免了高压环境下电弧的产生。

高压互锁装置内还配备了用于监测高压部件盖板是否可靠关闭的行程开关以及车辆碰撞和

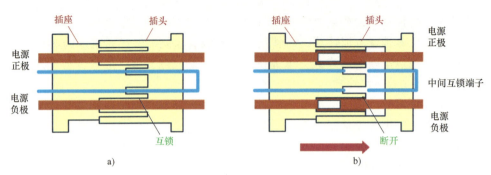

图 3-2-12 高压互锁插头连接机构及工作原理
a）高压插头（互锁连接状态） b）高压插头（互锁断开状态）

翻转信号监测装置，用于触发断电信号，确保在毫秒级时间内断开高压回路，并且利用高压系统放电电路将汽车高压部件电容端的电压短时间内放掉，避免漏电或火灾事故的发生。

比亚迪 e5 高压互锁电路结构简图如图 3-2-13 所示，由蓄电池管理系统（BMS）、动力蓄电池包、电机控制器（VTOG）及空调加热器（PTC）组成。

一旦高压互锁电路出现故障，互锁电路所在系统控制器内部将以故障码的形式进行存储，如 P1A6000 高压互锁 1 故障等。同时，车辆进入高压电安全保护状态。

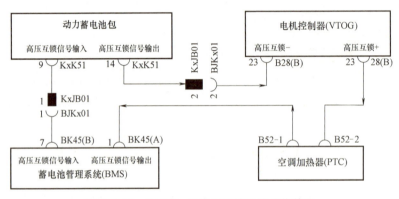

图 3-2-13 比亚迪 e5 高压互锁电路结构简图

五、通信与故障存储功能

通过蓄电池管理系统实现蓄电池参数和信息与车载设备或非车载设备的通信，为充放电控制、整车控制提供数据依据是蓄电池管理系统的重要功能之一。根据应用需要，数据交换可采用不同的通信接口，如模拟信号、PWM 信号、CAN 总线或串行接口。

CAN 即控制器局域网络，由于其高性能、高可靠性及独特的设计，越来越受到人们的重视。CAN 总线是一种串行数据通信协议，其通信接口中集成了 CAN 协议的物理层和数据链路层功能，可完成对通信数据的成帧处理，包括位填充、数据块编码、循环冗余检验、优先级判别等工作。图 3-2-14 所示为比亚迪 e5 的 CAN 拓扑结构图，从结构图上可以清晰看出各控制模块与 CAN 总线的连接形式。

蓄电池管理系统的主要工作原理为：在车辆点火开关启动、各电控单元上电后，通过数据采集电路采集蓄电池状态信息的数据后，送入电控单元（ECU）进行梳理、运算和分析，然后蓄电池管理系统根据分析结果通过 CAN 总线对系统内的相关功能模块发出控制指令，传递参数信息；与整车控制器通过 CAN 进行数据交换，由整车控制器进行车辆各系统尤其是动力系统的综合控制。若系统发生故障，蓄电池管理系统等控制单元通过 CAN 总线发送故障信息，同时对车辆的状态参数进行实时监测，整车控制器按照控制策略中的故障处理原则对故障进行相应的

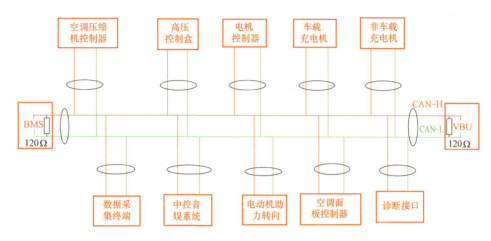

图 3-2-14　比亚迪 e5 的 CAN 拓扑结构图

处理，并将故障信息以故障码的方式存储在非易失性存储器中，供外接故障诊断设备通过 CAN 总线与车载自诊断管理单元进行诊断通信。

根据车辆设计的需要，可以在车内设置显示信息装置以及控制按键、旋钮等部件为用户获取故障提供方便。

故障诊断及容错控制在任何控制器当中都是非常重要的部分，蓄电池管理单元的故障需要以故障码（DTC）的形式来进行报警，并通过故障码触发仪表盘当中的指示灯。表 3-2-3 为比亚迪 e5 蓄电池管理系统故障码表（节选）。在新能源汽车的仪表系统中，蓄电池故障由对应的指示灯来及时提醒驾驶人。由于蓄电池的危险性，往往需要系统直接进行信息传送，以应对突然出现的危险事故应急处理。

表 3-2-3　比亚迪 e5 蓄电池管理系统故障码表（节选）

编号	DTC	描述	应检查部位
1	P1A0000	严重漏电故障	检查动力蓄电池、四合一、空调压缩机和 PTC
2	P1A0C00	BIC1 电压采样异常故障	蓄电池模组 1；软件会自己屏蔽掉，无须处理。若无法屏蔽，则需更换蓄电池模组
3	P1A2000	BIC1 温度采样异常故障	采集器 1
4	P1A4300	蓄电池管理器+15V 供电过高故障	蓄电池管理器、蓄电池
5	P1A4900	高压互锁自检故障	蓄电池管理器、高压电控总成、低压线束
6	P1A4C00	漏电传感器失效故障	漏电传感器、低压线束、蓄电池管理器
7	P1A4D00	电流霍尔传感器故障	霍尔传感器
8	P1A6000	高压互锁故障	蓄电池管理器、高压电控总成、低压线束

六、蓄电池状态显示异常的故障诊断与排除

以吉利 EV450 的动力蓄电池状态显示异常故障为例进行介绍。

1. 故障现象

车辆无法行驶，动力蓄电池电量无显示。

2. 故障分析

1）将诊断仪的 OBD 接口连接至汽车诊断座接口处。

2）将电源开关置于 ON 位置，打开诊断仪，读取故障码。

3）读取故障码。其故障码为 U111487 与整车控制器丢失通信。

根据故障码，查找相关电路图如图3-2-15、图3-2-16、图3-2-17所示。

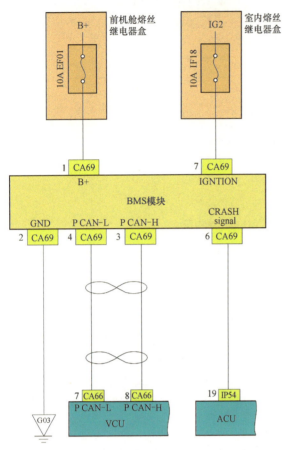

图3-2-15 电路简图

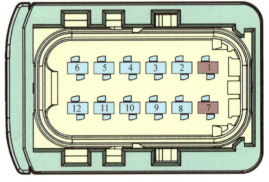

图3-2-16 蓄电池管理器模块线束插接器CA69

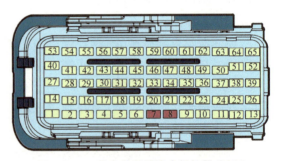

图3-2-17 整车控制器线束插接器CA66

4）分析故障原因：

① 熔丝熔断。

② 蓄电池管理器供电电路故障（包括电源电路、搭铁电路）。

③ 蓄电池管理器信号电路故障。

3. 故障排查

（1）检查辅助蓄电池电压

1）将电源开关置于OFF位置，打开辅助蓄电池正、负极接线柱的保护盖。

2）使用万用表测量辅助蓄电池正极和负极间电压值，标准值为11～14V。若正常，则进行下一步检查；若异常，则更换蓄电池。

（2）检查蓄电池管理器熔丝

1）将电源开关置于OFF位置，断开辅助蓄电池负极连接，打开前舱熔丝盒，拔出电机控制器熔丝EF01和IF18。

2）使用万用表测量熔丝EF01和IF18熔丝是否熔断（标准值小于1Ω）。

若正常，则进行下一步检查；若异常，则更换相应的熔丝。

（3）检查蓄电池管理器供电电路

1）将电源开关置于OFF位置，断开辅助蓄电池负极连接，断开BMS模块线束插接器CA69。

2）将电源开关置于ON位置，使用万用表分别测量BMS模块线束插接器CA69的端子1、7与车身搭铁间的电压（标准值为11～14V）。

3）将电源开关置于 OFF 位置，使用万用表测量 BMS 模块线束插接器 CA69 的端子 2 与车身搭铁间的电阻值（标准值小于 1Ω）。若正常，则进行下一步检查；若异常，则修理或更换线束。

（4）检查蓄电池管理器通信电路

1）将电源开关置于 OFF 位置，断开辅助蓄电池负极连接。断开 BMS 模块线束插接器 CA69，断开 VCU 线束插接器 CA66。

2）使用万用表测量 BMS 模块线束插接器 CA69 的端子 3 与 VCU 线束插接器的端子 8 之间的电阻值（标准值小于 1Ω）。

3）使用万用表测量 BMS 模块线束插接器 CA69 的端子 4 与 VCU 线束插接器的端子 7 之间的电阻值（标准值小于 1Ω）。若正常，则进行下一步检查；若异常，则修理或更换线束。

（5）更换蓄电池管理器

1）更换蓄电池管理器。

2）将电源开关置于 ON 位置，确认故障是否清除。

（6）维修结束

七、蓄电池异常断开的故障诊断与排除

以吉利 EV450 的动力蓄电池异常断开故障为例进行介绍。

1. 故障现象

车辆起动后无法上电。

2. 故障分析

1）将诊断仪的 OBD 接口连接至汽车诊断座接口处。

2）将电源开关置于 ON 位置，打开诊断仪，读取故障码。

3）读取故障码：

① P1541-00 高压继电器闭合的前提下，绝缘故障（最严重）。

② P1543-00 高压继电器断开的前提下，绝缘故障（最严重）。

根据故障码，查找相关电路图，如图 3-2-18、图 3-2-19、图 3-2-20 所示。

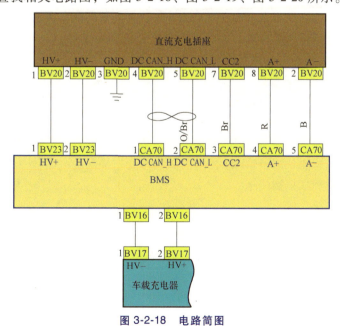

图 3-2-18　电路简图

4）分析故障原因：

① 动力蓄电池系统供电电路绝缘故障。

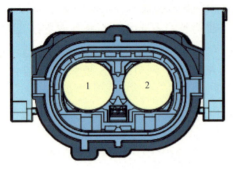

图 3-2-19　动力蓄电池高压线线束插接器 BV16

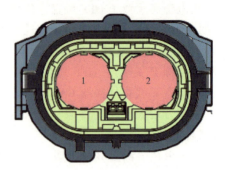

图 3-2-20　蓄电池管理器高压线线束插接器 BV23

② 动力蓄电池系统充电电路绝缘故障。

3. 故障排查

(1) 切断高压回路

1) 将电源开关置于 OFF 位置，断开辅助蓄电池负极连接。

2) 断开直流母线，断开动力蓄电池高压线线束插接器 BV16。

3) 等待 5min，使用万用表测量 BV16 的端子 1 与 2 之间的电压（标准值 ≤5V）。

> **注意**：端子 1 与端子 2 距离较近，严禁万用表针头短接和触碰任何非目标测量金属部件，操作过程需佩戴绝缘手套。

4) 若正常，则进行下一步检查；若异常，则等待至电压下降。

(2) 检查动力蓄电池供电电路绝缘

1) 将电源开关置于 OFF 位置，断开辅助蓄电池负极连接。

2) 断开直流母线，拆卸动力蓄电池高压线束插接器 BV16。

3) 将高压绝缘检测仪的档位调至 1000V。

4) 使用高压绝缘检测仪测量 BV16 的端子 1 与车身搭铁间的电阻值（标准值 ≥20MΩ）。

5) 使用高压绝缘检测仪测量 BV16 的端子 2 与车身搭铁间的电阻值（标准值 ≥20MΩ）。

6) 若正常，则进行下一步检查；若异常，则修理或更换线束。

(3) 检查动力蓄电池充电电路绝缘

1) 将电源开关置于 OFF 位置，断开辅助蓄电池负极连接。

2) 断开直流母线，拆卸动力蓄电池高压线束插接器 BV23。

3) 将高压绝缘检测仪的档位调至 1000V。

4) 使用高压绝缘检测仪测量 BV23 的端子 1 与车身搭铁间的电阻值（标准值 ≥20MΩ）。

5) 使用高压绝缘检测仪测量 BV23 的端子 2 与车身搭铁间的电阻值（标准值 ≥20MΩ）。

6) 若异常，则修理或更换线束。

(4) 维修结束

项目四　动力蓄电池冷却系统认知与维护

新能源汽车与传统燃油汽车相比，虽然采用的能源不同，但在工作时同样会产生热量，新能源汽车的冷却系统可对供电系统的动力部件进行冷却，有的电动汽车生产厂商给动力蓄电池组配置了相应的冷却系统。通过本项目的学习，学生应能准确地描述动力蓄电池冷却系统的功能，正确说出动力蓄电池冷却系统的组成部件及冷却方式，能理解动力蓄电池冷却系统的工作原理及控制原理，能够对动力蓄电池冷却系统进行日常维护。

学习任务一　动力蓄电池冷却系统认知

📋 任务描述

技术人员小杨培训一批新招聘的新能源汽车维修工学徒一段时间后，需要对他们进行动力蓄电池冷却系统方面的培训，此时正好有车主到店反映其电动汽车显示动力蓄电池温度过高的故障。小杨需要从哪些方面着手，才能让这些新能源汽车维修工学徒对动力蓄电池冷却系统有足够的认知呢？

📚 学习目标

1) 能准确地描述动力蓄电池冷却系统的功能。
2) 能正确地说出动力蓄电池冷却系统的部件组成。
3) 能理解动力蓄电池冷却系统的工作原理。
4) 能理解动力蓄电池冷却系统的控制原理。
5) 培养学生爱岗敬业、为客户提供专业和耐心服务的职业素养。
6) 提高学生人文素养，培养学生深入学习、认真钻研的工匠精神。

相关知识

一、动力蓄电池冷却系统功能

动力蓄电池作为新能源汽车的主要动力输出源，其工况的好坏会对新能源汽车动力驱动系统性能产生巨大的影响。其中，确保动力蓄电池工作环境温度是保证新能源汽车动力驱动系统正常工作的基础，温度过高或过低都会极大程度地影响整车性能以及蓄电池的使用寿命。新能源汽车的冷却系统除了将驱动系统的工作温度维持在一定良好条件下以外，也会对动力蓄电池的工作环境温度做到实时管控，以保证动力蓄电池的良好工况及使用寿命。

动力蓄电池在工作中会产生大量热量，在充电、做功时产生的热量都对电动汽车性能起到一定影响，工作环境温度在50℃及以上时会明显加速蓄电池的衰老，150℃以上则会引发蓄电池热失控。同时，动力蓄电池工作环境温度过低会极大程度地影响动力蓄电池的性能，就如传统汽车在冬天起动时难于夏天一样。新能源汽车动力蓄电池的起动温度也不宜过低，通常来说动力蓄电池的最佳工作温度约为23℃，低于此温度时，需要对动力蓄电池组进行加热以保障其能有效地工作。

1. 动力蓄电池冷却系统冷却功能

动力蓄电池组的工作状态包括：

1) 蓄电池组在充、放电时会释放一定的热量，故需要对蓄电池组进行冷却。
2) 在低温环境下，需要对蓄电池组进行加热处理，以提高运行效率。

动力蓄电池组采用冷却系统的作用：通过对动力蓄电池组冷却或加热来保持蓄电池组较佳的工作温度，以改善其运行效率并提高蓄电池组的使用寿命。高压动力蓄电池组的热管理系统可以根据需要对蓄电池组进行冷却或加热。

以镍氢蓄电池为例，动力蓄电池在充、放电过程中会产生的热量有蓄电池化学反应生热、蓄电池极化生热、过充电副反应生热以及内阻焦耳热。

若将蓄电池内部所有物质（活性物质、正负极、隔板等）假定为一个具有相同特性的整体，蓄电池内部的热传导性极佳，使蓄电池内部单元等温，由于蓄电池壳体基本不产生热量，因而其温度与蓄电池内部温度非常接近。由表4-1-1可见，蓄电池经过变电流充、放电工况后，蓄电池的最高温度和最低温度与蓄电池平均温度之差约为4.2℃，蓄电池的最高温度约为35.5℃。

表4-1-1 镍氢蓄电池放电前、后温度对比

工况	最高温度/℃	最低温度/℃	平均温度/℃
放电前	30.2	29.2	29.7
放电后	35.5	32.3	33.9

2. 动力蓄电池冷却系统热管理功能

图4-1-1所示为比亚迪电动汽车动力蓄电池冷却系统。在冷却方式上，比亚迪电动汽车在蓄电池内增加了散热回路，通过板式换热器与空调回路相连，蓄电池进、出水口和蓄电池极柱处都布有温度传感器，结合蓄电池温度实时调节空调压缩机的功率来控制蓄电池进水温度及流量，以此来控制蓄电池工作在适宜温度。除冷却功能外，比亚迪电动汽车在散热回路里串联了PTC加热器，通过调节PTC加热器的功率，控制进水温度及流量，以此来控制蓄电池在冬季低温时能工作在适宜温度，确保充电速度和放电动力性，保证动力蓄电池的性能。同时，该系统可对动力蓄电池温度进行实时管控，合理调节蓄电池环境温度，根据不同蓄电池工作情况判断蓄电池系统的冷却与加热，最大程度地确保蓄电池的使用寿命及使用安全。

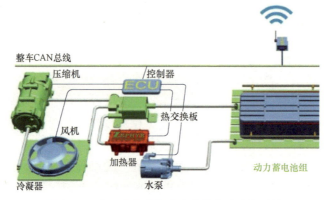

图4-1-1 比亚迪电动汽车动力蓄电池冷却系统

二、动力蓄电池冷却系统冷却形式及工作原理

动力蓄电池冷却系统的形式按照冷却介质不同一般分为风冷式和水冷式两大类。

（一）风冷式动力蓄电池冷却系统

风冷式动力蓄电池冷却系统利用散热风扇将来自车厢内部的空气吸入动力蓄电池箱，利用风的循环流动带走动力蓄电池及蓄电池系统控制单元等部件的热量。新能源汽车中，丰田普锐斯、凯美瑞（混动版）、卡罗拉双擎、雷凌双擎等混合动力车型的驱动电机与蓄电池产生的热量比较少，因此均采用风冷式动力蓄电池冷却系统。

图 4-1-2 所示为风冷式动力蓄电池冷却系统示意图。该冷却系统的工作原理：DC/DC 变换器将动力蓄电池中的直流高电压转换成 12~16V 的直流低电压，散热风扇通过 DC/DC 变换器转化的低压直流电驱动并受温度传感器控制，将车厢内部的空气吸入，通过位于后窗台装饰板上的进气管流入风道，向下流经动力蓄电池，为动力蓄电池降温，然后流经 BMS 蓄电池管理器、总继电器等电器元件，对其进行散热后，通过排气管将空气排到车外。

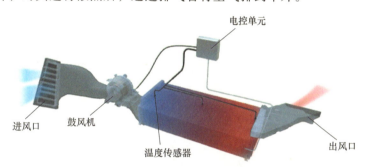

图 4-1-2　风冷式动力蓄电池冷却系统示意图

根据空气在动力蓄电池组中通风方式的不同，风冷式动力蓄电池冷却系统有串行通风和并行通风两种形式散热方式。图 4-1-3 所示为动力蓄电池风冷式冷却系统的不同通风形式。其中，图 4-1-3a 为并行通风，图 4-1-3b 为串行通风。

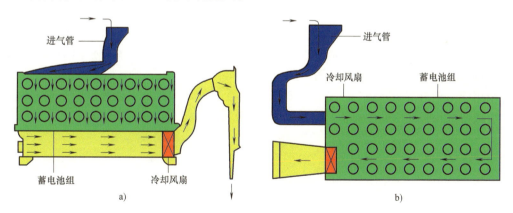

图 4-1-3　动力蓄电池风冷式冷却系统的不同通风形式
a）并行通风　b）串行通风

同等条件下，并行通风的散热方式要比串行通风的散热方式好。由于在串行通风散热时，空气是依次流过各单体蓄电池的表面来带走热量，因此越靠后的蓄电池其表面流过的空气温度越高，换热能力越低。在并行通风散热时，空气从蓄电池组一个端面流向另一个端面，空气流量自动分配，如此一来，空气达到各单体蓄电池的温度差不多，各蓄电池的换热能力也相差不大。表 4-1-2 为并行通风与串行通风优缺点对比。

表 4-1-2　并行通风与串行通风优缺点对比

优缺点	并行通风	串行通风
优点	蓄电池温度相对更均匀	动力蓄电池箱相对较小
缺点	动力蓄电池箱相对较大	蓄电池散热不均匀

（二）水冷式动力蓄电池冷却系统

水冷式冷却系统也称为液体冷却式冷却系统，其利用热传导的原理，以水泵为动力源使冷却液在各个独立的冷却系统回路中循环，使驱动电机、逆变器和蓄电池包等需要散热的部件保持在最佳的工作温度。为防止冷却液遇冷结冰，水冷式冷却系统中的冷却液采用50%的水和50%的有机酸技术的混合物。

水冷式冷却系统拥有较好的冷却效果，并且由于液体均匀流动的缘故，可以使蓄电池组的温度分布均匀，但该冷却系统对蓄电池包的密封性有较高要求。就如传统汽车冷却系统的水套一样，新能源汽车动力蓄电池水冷式冷却系统有一个水套，用于隔绝动力蓄电池与冷却液。水套的导热性不能太低，否则水套内的冷却液很难将动力蓄电池工作过程中产生的热量带走。水冷式动力蓄电池冷却系统一般分为普通水冷式冷却系统和空调循环冷却式冷却系统。

1. 普通水冷式冷却系统

普通水冷式冷却系统主要元件包括电动水泵、膨胀水箱（水壶）、冷却液散热器及相关管路。一般冷却系统都是安装在蓄电池组附近，冷却系统管路里循环流动的冷却液（一般是乙二醇），通过与蓄电池组相连的管路将其热量带走，被加热的冷却液在散热器中将多余热量通过风扇排到外界，降温后的冷却液再次循环进入蓄电池组，继续吸收蓄电池热量。图 4-1-4 所示为普通水冷式冷却系统。

2. 空调循环冷却式冷却系统

空调循环冷却式冷却系统在普通水冷式冷却系统的基础上，将制冷剂循环回路与空调系统连通，散热效果可以调节。其主要组成包括冷却液、冷却单元、换热器、电动压缩机、冷凝器等。该系统由冷却液循环回路与制冷剂循环回路通过冷却液/制冷剂换热器连接。空调系统制冷剂循环回路由两个并联支路构成，一个用于为车内空间降温，一个用于动力蓄电池的冷却。两个支路各有一个膨胀和截止组合阀，形成两个相互独立的冷却系统。图 4-1-5 所示为空调循环冷却式冷却系统。

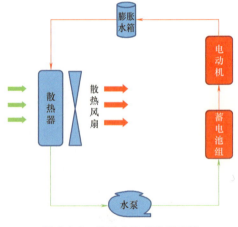

图 4-1-4　普通水冷式冷却系统

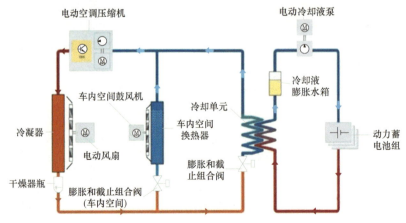

图 4-1-5　空调循环冷却式冷却系统

比亚迪电动汽车的动力蓄电池冷却系统就是空调循环冷却式冷却系统。该系统可以根据动力蓄电池的温度灵活地进行温度调节。其工作方式为电动冷却液泵通过冷却液循环回路输送冷却液，冷却液的温度低于蓄电池组时，仅利用冷却液的循环流动便可冷却蓄电池组；若蓄电池温度过高导致冷却液不能单独完成蓄电池温度降温，冷却单元上的膨胀和截止组合阀采用电气方式启用并打开，液态制冷剂流入冷却单元吸收热量并蒸发，通过压缩机输送回到冷凝器重回液态，以此循环达到辅助冷却系统降温的目的。

三、典型动力蓄电池冷却系统主要部件及控制原理

（一）比亚迪 e5 动力蓄电池冷却系统主要部件

比亚迪 e5 冷却系统分为 2 个独立系统，分别是动力蓄电池冷却系统和驱动电机及电机控制器冷却系统。其中，动力蓄电池冷却系统和空调循环冷却式冷却系统用以调节蓄电池组的温度。图 4-1-6 所示为比亚迪 e5 动力蓄电池冷却系统的结构示意图。

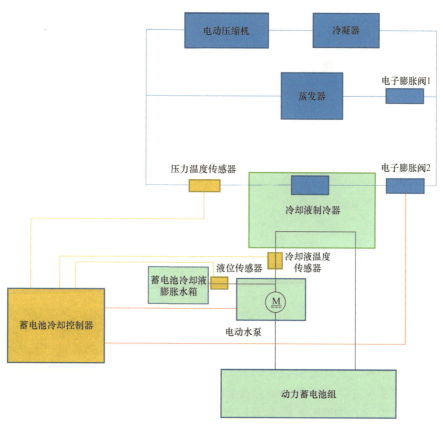

图 4-1-6　比亚迪 e5 动力蓄电池冷却系统的结构示意图

比亚迪 e5 在蓄电池内增加了散热回路，通过板式换热器与空调回路相连，蓄电池进、出水口和蓄电池组内布有温度传感器，结合蓄电池温度实时调节压缩机的功率来控制蓄电池进水温度及流量，以此来控制蓄电池工作在适宜温度。

在热管理上，比亚迪 e5 在蓄电池散热回路里串联 PTC 水加热器，通过调节水加热器的功率控制进水温度及流量，以此来控制蓄电池在冬季能工作在适宜温度，确保充电速度和放电动力性。

比亚迪 e5 冷却系统主要由冷却系统、制冷系统和控制系统 3 部分组成。其中，冷却系统包括电动水泵、膨胀水箱、冷却液及相关管路；制冷系统包括电子膨胀阀、换热器及空调制冷相关元件；控制系统包括蓄电池冷却控制器、冷却液温度传感器、液位传感器、压力温度传感器。

1. 散热器

散热器是电动汽车冷却系统的一部分。根据散热器的结构形式可分为直流式和横流式两类。散热器主要由左储水室、右储水室、散热器片、散热器芯、进水管接口、出水管接口、放水螺栓以及溢流管接口等部件组成。图 4-1-7 所示为横流式散热器。

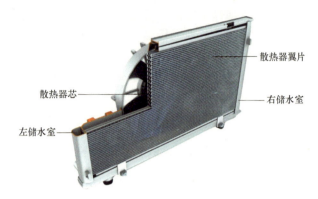

图 4-1-7　横流式散热器

散热器是一种换热器,它在各散热片之间留有空隙,空气从散热片的空隙中通过,冷却液在散热器芯内流动,冷却空气将冷却液中的热量带走,以此循环。散热器工作原理如图 4-1-8 所示。

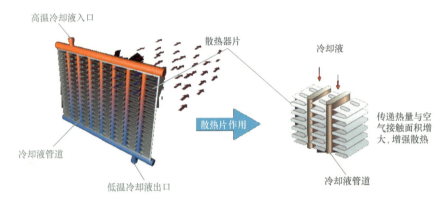

图 4-1-8　散热器工作原理

散热器在日常维护过程中主要检查前方是否有树叶、纸屑等遮挡物及灰尘,如果有,则进行清理或清洗。清理时不能直接用手进行清理,需要使用气枪或者毛刷,避免散热器片变形,降低散热效果。

2. 膨胀水箱

膨胀水箱箱体使用厚度为 3.5mm 的 PP/PE 材料采用注塑生产工艺制成。一般选用白色或者淡黄色等浅色系材料,并且在膨胀水箱外部压制"MAX"和"MIN"刻度标示冷却液最高及最低液位,便于观察。图 4-1-9 所示为膨胀水箱。

图 4-1-9　膨胀水箱

膨胀水箱主要作用如下:

(1) 补充冷却液　当冷却液温度升高时,冷却液体积发生膨胀,冷却系统内膨胀的冷却液会回流到膨胀水箱,以防止冷却系统压力过高;相反,当冷却系统里的冷却液不足时,则补充冷却系统水位。

(2) 收集气泡　当冷却系统温度升高时会产生气泡,而气泡不仅没有散热作用,还会阻碍冷却液与动力蓄电池的热传递。在冷却系统中一般都会设置有气泡导管,将冷却系统中的气泡通过导管引入膨胀水箱,从而使气水彻底分离。图 4-1-10 所示为吉利帝豪 EV450 气泡导管安装位置。

（3）膨胀水箱盖具有调节压力的作用 冷却系统的管路是密封的，当冷却液温度升高后会产生气泡，气泡越多，冷却系统的压力就越大。如果冷却系统压力过大，可能会使冷却液循环变慢甚至冷却液管爆裂漏水。因此，必须将冷却系统中的压力及时泄压。当冷却液的温度下降后，会吸收冷却系统内的空气，使冷却系统的压力降低并保持在一个真空状态，长此以往会加速冷却系统管路漏水的可能。膨胀水箱盖的设计能在冷却系统压力大时将压力释放到大气中，在冷却系统压力过低时吸收周围的空气，使冷却系统压力保持在一个稳定的范围内。膨胀水箱盖如图 4-1-11 所示。在冷却液温度较高时，禁止拧开膨胀水箱盖，以免冷却液喷出造成烫伤。

图 4-1-10 吉利帝豪 EV450 气泡导管安装位置

图 4-1-11 膨胀水箱盖

3. 电动水泵

电动水泵的功能主要是对冷却液进行加压，保证其能够在冷却系统中不间断地循环流动。水泵是整个冷却系统唯一的动力元件，负责为冷却液的循环提供机械能。由于电动汽车和传统汽车有着一定的区别，电动汽车的水泵驱动方式由机械传动变为电机驱动。电动水泵的结构如图 4-1-12 所示，主要由电动机壳体、水泵电动机、水泵底盖、水泵叶轮、水泵外壳组成。

以比亚迪 e5 蓄电池管理系统电动水泵为例，电动水泵的工作由蓄电池热管理器控制。其工作时，电流从端子 1 进入电动水泵，流经水泵电动机后由端子 3 搭铁，水泵电动机通电转动，同时带动水泵叶轮旋转，水泵中的冷却液在离心力作

图 4-1-12 电动水泵的结构

用下被甩到叶轮外缘，叶轮外缘压力升高，冷却液从外缘的出水口甩出进入动力蓄电池。检测电动水泵是否损坏时，最简单直接的方法是在电动水泵电动机信号电压端子直接施加蓄电池 11~14V 电压，搭铁端子连接蓄电池搭铁，如果电动水泵不工作说明电动水泵故障，如果电动水泵能正常工作则说明控制电路故障。图 4-1-13 所示为电动水泵插接端子。

4. 水管及冷却水套

新能源汽车对水管及冷却水套的要求较传统汽车更为严格，除了要考虑水管通道的密闭性以外，还要考虑短路、漏电以及烧毁绝缘层的危险。但为确保冷却系统的功效，水道必须在动力蓄电池组内尽可能地与每一块蓄电池或蓄电池组接触，流向设计多为分层设计，这样可以使叠加的蓄电池包均有冷却管路流过，使整个蓄电池组的温度均匀，不会出现局部过热的现象。图 4-1-14 所示为比亚迪 e5 动力蓄电池冷却水道。

散热管路设计时，为获取最大的散热效果通常采用扁平的口琴管，这种口琴管很薄，壁厚

图 4-1-13　电动水泵插接端子

1—电源正极　2—空置　3—搭铁　4—信号端子

为 0.8~1.0mm，相比于传统的壁厚为 1.6~2.0mm 的铝合金水管，重量上有所降低。比亚迪秦 Pro EV500 上采用口琴管的这种横向弯折蛇形设计，与特斯拉电动汽车采用了同样的技术路线，从工艺角度上讲更难，尤其是在弯曲部分的外圈，材料内、外侧的拉伸率相差比较大，在车辆运行抖动过程中易发生褶皱和裂纹，因此这种技术路线对材料以及工艺的要求非常高。由于特斯拉电动汽车采用圆柱形锂离子蓄电池与散热管路的接触面几乎是一条直线，效率较差，因此在最新的 21700（Model 3 采用）蓄电池组中采用了整体灌胶方式，牺牲"重量"换"热量"。比亚迪电动汽车的管路设计与方形蓄电池配合较好，管路完全贴在蓄电池侧壁，最大化接触面积，提高散热效果。图 4-1-15 所示为散热管路实物图。

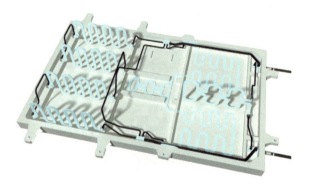

图 4-1-14　比亚迪 e5 动力蓄电池冷却水道

图 4-1-15　散热管路实物图

5. 电动风扇（散热风扇）

电动风扇置于散热器的后面，风扇的作用是旋转时吸进空气使空气通过散热器，增强散热器的散热能力，缩短冷却液或制冷剂的降温时间，保证电动汽车主要发热部件（驱动电机、电机控制器、动力蓄电池、蓄电池控制器等）能长时间在最适宜的温度下工作。图 4-1-16 所示为电动风扇结构图，主要由冷却风扇、导风罩及电动机等部件组成。电动风扇是由整车控制器控制的，驱动电机、电机控制器和动力蓄电池包的温度都会影响电动风扇的转速，但是风扇转速与驱动电机自身的运转速度无关。

图 4-1-16　电动风扇结构图

6. 冷却液温度传感器

冷却液温度传感器安装在冷却水道或冷却系统元件上，传感器直接与冷却液接触。冷却液温度传感器为负温度系数传感器，即随着温度的升高，其电阻值下降。冷却液温度传感器的工作原理是主控制器通过传感器电阻的变化测量其电压值，并推算出冷却液温度。冷却液温度传

电动风扇工作原理

感器的两根导线都与控制单元相连接，其中一根为搭铁线，另一根的搭铁电压随热敏电阻阻值的变化而变化。图4-1-17所示为冷却液温度传感器。

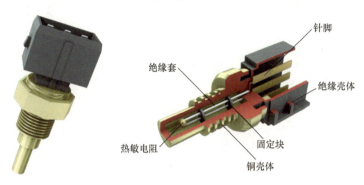

图 4-1-17　冷却液温度传感器

7. 压力传感器

压力传感器主要用于检测流过膨胀阀的液态制冷剂的液压，一般安装在干燥器后面，在动力蓄电池冷却系统中，其主要作用是控制空调系统的工作。当系统中的压力过低时，切断压缩机电路，防止压缩机回油润滑差导致卡死；当系统压力过高时，切断压缩机电路，防止压缩机排气压力及温度过高，导致润滑油黏度下降，压缩机内部抱死；同时，可以将信号反馈回控制模块，控制散热风扇的转速。图4-1-18所示为压力传感器。

8. 电子膨胀阀

电子膨胀阀安装在空调制冷管路上，它是通过空调控制器或者动力蓄电池热管理器进行控制，控制施加于膨胀阀上的电压或电流进而达到调节供液量的目的。比亚迪e5电动汽车上有两个电子膨胀阀，其中一个用于车内空调制冷系统，另一个用于动力蓄电池冷却系统，分别由空调控制器与动力蓄电池热管理器控制。

电磁式电子膨胀阀依靠电磁线圈的磁力驱动针阀。电磁线圈通电前，针阀处于全开位置。通电后，受磁力作用，针阀的开度减小，开度减小的程度取决于施加在线圈上的控制电压。电压越高，开度越小，流经膨胀阀的制冷剂流量越小。电磁式电子膨胀阀的结构简单、动作响应快，但是在制冷系统工作时，需要一直提供控制电压，图4-1-19所示为电子膨胀阀。

图 4-1-18　压力传感器

图 4-1-19　电子膨胀阀

9. 蓄电池冷却换热器

动力蓄电池冷却系统是控制动力蓄电池工作温度的关键部件，其主要作用是当动力蓄电池温度较高时，通过热交换原理将动力蓄电池内部热量通过冷却液传递到制冷剂中，通过制冷剂吸收冷却液热量以达到降低蓄电池温度的效果。蓄电池冷却器主要由换热器、带电磁阀的膨胀阀、管路接口和支架组成。图4-1-20所示为蓄电池冷却换热器及剖视图。

图 4-1-20　蓄电池冷却换热器及剖视图

换热器主要分成两个空间，红色的空间装满冷却液，蓝色的空间装满制冷剂，冷却液和制冷剂之间层层叠加，可以使它们充分地进行热交换，使冷却效果达到最大。

10. 蓄电池热管理器

蓄电池热管理器的主要作用是控制空调制冷系统参与到动力蓄电池的冷却过程中，当冷却液温度传感器将高温信号传递给蓄电池热管理器时，控制器根据压力传感器提供的信号决定是否开启电子膨胀阀。如果此时制冷管路压力符合要求，蓄电池热管理器控制电子膨胀阀开启，制冷剂通过换热器将冷却液冷却，带走动力蓄电池内部的高温。图 4-1-21 所示为蓄电池热管理器。

11. PTC 加热器

PTC加热器结构

PTC 加热器是正温度系数很大的半导体材料或元器件，也可以理解为一个热敏电阻。其特点是当通过电流一定时，可提高对应材料温度，此时电路正常工作，从而起到加热的作用；当通过电流持续增大，热敏电阻中的热量不能散发出去时，PTC 中电阻由于高分子材料的特性会持续增大，从而限制过大电流而保护电路。当动力蓄电池温度过低时，蓄电池热管理器通过给 PTC 提供电流，提升冷却系统中冷却液的温度，从而给动力蓄电池升温，使动力蓄电池尽快达到适宜工作的温度。图 4-1-22 所示为 PTC 加热器结构。

图 4-1-21　蓄电池热管理器

图 4-1-22　PTC 加热器结构

需要注意的是，在比亚迪 e5 车型中，冷却液先由电动水泵从动力蓄电池冷却水道内泵进动力蓄电池内，冷却液在动力蓄电池内沿着冷却管道流经各蓄电池组的表面，与蓄电池组进行热交换，最后由出水口出来流入 PTC 加热器，在 PTC 总成内进行加热，加热后的冷却液流经换热器后再次被电动水泵泵入动力蓄电池内。如此循环，将动力蓄电池的温度提高到正常的工作温度。图 4-1-23 所示为比亚迪 e5 动力蓄电池冷却系统中 PTC 加热器位置。

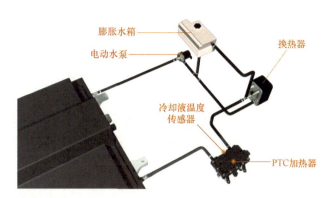

图 4-1-23　比亚迪 e5 动力蓄电池冷却系统中 PTC 加热器位置

（二）动力蓄电池冷却系统控制原理

动力蓄电池冷却系统中，主要通过冷却液的循环带走动力蓄电池内部由于电化学反应所生成的热量，与此同时，当动力蓄电池温度较低时，冷却系统为动力蓄电池提供热量，保证蓄电池更快达到最佳工作温度。因此动力蓄电池冷却系统必须具备非常精确的温度控制，这就需要蓄电池热管理系统进行适时监控与控制。

蓄电池热管理系统的主要功能包括蓄电池温度的准确测量和监控；蓄电池组温度过高时的有效散热；低温条件下的快速加热；保证蓄电池组温度场的均匀分布；蓄电池散热系统与其他散热单元的匹配。

常见的热管理系统组成包括蓄电池热管理器、蓄电池冷却器膨胀阀、冷却液泵、压缩机、冷却控制单元模块、控制总线及其相关传感器等。其主要工作信号来自于蓄电池组中的各温度传感器，冷却控制单元模块依据温度信号判断是否需要压缩机制冷系统帮助散热。图 4-1-24 所示为蓄电池热管理系统控制原理。蓄电池管理器（BMS）负责控制电动水泵，电动水泵会在动力蓄电池温度上升到 32.5℃ 时开启、在温度低于 27.5℃ 时关闭，由 BMS 发出要求蓄电池冷却器膨胀阀关闭和水泵运转的信号。

其中，冷却系统控制器（ETC）只控制冷却液温度，蓄电池管理器（BMS）控制冷却液与动力蓄电池内部的热量交换。当 ETC 收到来自 BMS 的膨胀阀的电磁阀开启的信号要求时，首先打开蓄电池冷却器膨胀阀的电磁阀，并给空调压缩机（EAC）发启动信号。

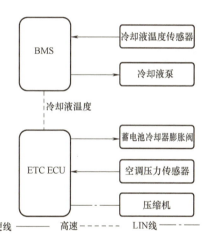

图 4-1-24　蓄电池热管理系统控制原理

车辆空调系统开始工作进行制冷，并且通过换热器加速冷却液的冷却，实现动力蓄电池组最适宜的工作温度值（20~30℃）。当动力蓄电池组的冷却液温度在 30℃ 以上时，ETC 会限制乘客舱制冷量；冷却液温度在 48℃ 以上时，ETC 会关闭乘客舱制冷功能，但除霜模式除外。当车辆进入快速充电模式时，ETC 会被网关模块唤醒，此时蓄电池冷却系统进入正常工作状态，随时监控各蓄电池的温度，防止由于充电或者过充导致的局部过热引起的危害。

知识拓展

长城汽车借鉴了"大禹治水，变堵为疏"的理念，向所有电动汽车车主做出承诺："在蓄电池的正常生命周期内，大禹蓄电池永不起火、永不爆炸。"

当下的主流蓄电池安全技术理念是快速灭火、隔离失控模块，而大禹蓄电池的策略是利用多种技术手段将失控能量经过处理，以烟雾的形式快速降温排除，让温度低于100℃，以此保证"永不起火，永不爆炸"。也就是说，大禹蓄电池的技术目标并不是解决蓄电池热失控的问题，而是在发生热失控之后进行疏导。

学习任务二　动力蓄电池冷却系统维护

任务描述

技术人员小静接到车主反映，一辆吉利帝豪EV450电动汽车的动力蓄电池冷却系统超过1年没有进行维护，现需要对该车辆动力蓄电池冷却系统进行维护。小静需要做哪些准备才能完成动力蓄电池冷却系统的维护呢？

学习目标

1) 能够正确地说出动力蓄电池冷却系统的维护流程。
2) 能够正确地佩戴、使用绝缘防护用具。
3) 能够正确地拆装动力蓄电池冷却系统部件。
4) 能够完成动力蓄电池冷却系统维护流程。
5) 能够根据厂家维修手册完成车辆检修，遵守安全操作规范和环境保护法规。
6) 培养学生的工匠精神，提高学生维修新能源汽车的业务能力。

相关知识

一、动力蓄电池冷却系统拆装

（一）拆装前作业

由于新能源汽车的特性，尤其是纯电动汽车，其动力蓄电池电压大多超过300V，为确保拆装作业的安全性，拆装作业前必须摘除身上一切可导电的金属物品，同时要穿戴相应的绝缘安全防护用品，以及准备相关绝缘仪器（工具），并且在作业区间布置相应的高压标识，将工作区域进行遮拦，为拆装作业进行完善准备。总体来讲，拆装前作业主要有以下几点。

1. 摘除导电金属物品

高压操作环境中一旦出现安全事故，将会对人体造成不可挽回的损伤，因此进行动力蓄电池拆装作业前，必须将佩戴在身上的所有可能引起导电的物品（如戒指、钢笔、手机、手表等）摘除，未摘除者将严禁进行高压作业，以免造成高压用电安全事故。

2. 穿戴绝缘防护用品

通常情况来讲，一旦涉及高压操作环境时，需要配备的绝缘防护用品有护目镜、绝缘手套、非纤维合成工作服（如棉制工作服）、绝缘鞋、安全帽等。这些绝缘防护用品在使用前，需要确认其完好性及正常使用性，如检查绝缘手套是否完好无损、安全帽是否有裂痕、护目镜是否影响查看作业、绝缘鞋是否完好无损等。由于手是最靠近高压工作环境的人体部位，因此检查绝缘手套是否完好无损时一定要仔细，手套的破损、有裂缝、会漏气等因素都会造成一定的高压作业隐患。对于绝缘鞋需要注意其耐压范围，正常情况下，耐压范围为15kV工作电压以下的绝缘鞋应在工频50~60Hz、1000V以下的作业环境中使用，15kV以上的则适用于1000V以上的作业环境。图4-2-1所示为护目镜及绝缘手套。

图 4-2-1　护目镜及绝缘手套

3. 准备其他绝缘用品及仪器

除上面提到的绝缘防护用品外，其他绝缘用品及仪器或工具在高压作业过程中也是必不可少的，如绝缘胶垫、绝缘表、绝缘橡胶工具、塑料材质的工作灯等。其中，绝缘胶垫在作业之前需要测试其绝缘性，由于其材料特殊性，通常情况下，在1000V工作电压以下的作业中，绝缘胶垫可以作为基本安全用具，而在1000V工作电压以上的作业中，其只能作为辅助安全工具。绝缘表在作业过程中可以检测相关高压部件的绝缘性，无论在拆装作业完成前、后使用都会有效提高车辆的安全性。由于电动汽车的特性，拆装作业过程中无特殊情况时不得使用任何金属把柄工具，因此绝缘橡胶工具是拆装、维修作业的主要工具。为确保维修人员安全，此类工具在使用完成后都应妥善保管及

图 4-2-2　绝缘表及绝缘垫

保养，发现破损时需要立即进行维修或更换。图4-2-2所示为绝缘表及绝缘垫。

4. 放置安全标志及标识

新能源汽车或纯电动汽车在拆装、维修作业前，都应断开车辆的维修开关静止15min以上待其高压部件电容放电完成，此时工作区域周围应设置隔离设施，放置相应的高压警示标志或标识，防止不了解情况的人员误入此区域造成安全事故。通常情况下，新能源汽车在断开维修开关或上电后，车辆作业区域都应有围栏，隔离两侧人员进、出。同时，在附近应有对应的高压警示标志以对其他人员起到警示作用。作业区域、周围墙壁、作业车辆车身贴上相应的警示标识以防止无关人员的碰触。图4-2-3所示为高压警示标识。

图 4-2-3　高压警示标识

（二）动力蓄电池冷却系统拆装作业

以吉利帝豪EV450为例，进行动力蓄电池冷却系统的拆装作业。

1. 电动水泵的拆装

（1）拆卸电动水泵

1）打开前机舱盖。

2）断开辅助蓄电池负极连接。

3）拆装机舱底部护板总成。

4）排放动力蓄电池冷却系统冷却液。

5）断开电动水泵线束连接。

6）拆卸电动水泵与水泵出水管的连接卡箍，脱开水泵出水管。

7）拆卸电动水泵与水泵进水管的连接卡箍，脱开水泵进水管。

8）拆卸电动水泵支架上固定螺母，取下电动水泵。

电动水泵的卡箍及固定螺母如图4-2-4所示。

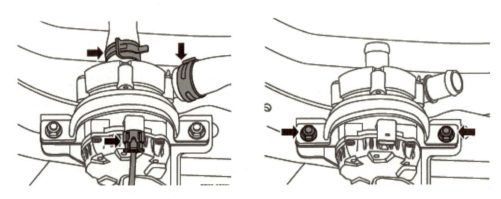

图4-2-4 电动水泵的卡箍及固定螺母

（2）安装电动水泵

1）安装并放置电动水泵，安装电动水泵支架上的固定螺母，紧固力矩为9N·m。

2）连接电动水泵与水泵进水管，用卡箍紧固。

3）连接电动水泵与水泵出水管，用卡箍紧固。

4）连接电动水泵线束插接器。

5）插接时注意"一插、二响、三确认"。

6）安装机舱底部护板总成。

7）加注冷却液。

8）连接辅助蓄电池负极。

9）关闭前机舱盖。

2. 冷却风扇总成的拆装

（1）拆卸冷却风扇

1）打开前机舱盖。

2）断开辅助蓄电池负极连接。

3）拆卸前保险杠上饰板。

4）拆卸冷凝器空调管。

5）拆卸冷却风扇。

6）断开冷却风扇两个线束插接器。

7）拆卸冷却风扇固定螺栓，脱开高压线束卡扣，如图4-2-5所示。

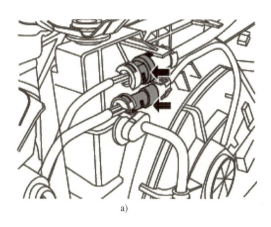
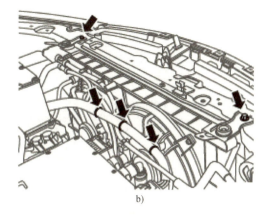

图 4-2-5　冷却风扇线束插接器及高压线束卡扣

8) 拆卸冷却风扇固定螺栓，如图 4-2-6 所示。
9) 向上取出冷却风扇。

（2）安装冷却风扇

1) 安置冷却风扇，向下插入冷却风扇下定位脚。
2) 紧固冷却风扇固定螺栓，紧固力矩为 9N·m。
3) 安装冷却风扇固定螺栓，脱开高压线束卡扣。
4) 连接冷却风扇线束插接器，固定线束固定卡扣。注意：线束插接器应可靠固定到风扇外壳支架上，以免卷入风扇内。
5) 安装前保险杠。
6) 安装冷凝器空调管。
7) 连接蓄电池负极。
8) 关闭前机舱盖。

图 4-2-6　冷却风扇固定螺栓

3. 散热器总成的拆装

（1）拆卸散热器总成

1) 打开前机舱盖。
2) 断开辅助蓄电池负极连接。
3) 拆卸前保险杠。
4) 断开散热器进水管连接，拆卸冷却风扇总成与散热器固定螺栓。注意：水管脱开前，需在车辆底部放置容器用来接住防冻液，以免污染地面。
5) 断开散热器出水管连接，拆卸冷却风扇总成与散热器固定螺栓。注意：小心移动散热器，避免与其他部件磕碰造成损坏。

冷却风扇与散热器固定螺栓如图 4-2-7 所示。

（2）安装散热器总成

1) 安装冷却风扇总成与散热器固定螺栓。
2) 连接散热器进水管，紧固力矩为 9N·m。注意：小心移动散热器，避免与其他部件磕碰造成损坏。
3) 安装冷却风扇总成与散热器固定螺栓。
4) 安装散热器出水管，紧固力矩为 9N·m。

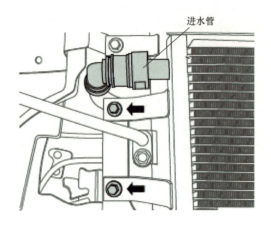
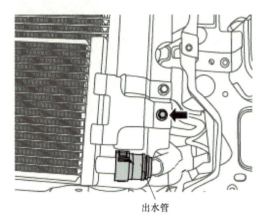

图 4-2-7　冷却风扇与散热器固定螺栓

5）安装前保险杠。

6）加注冷却液。

7）连接蓄电池负极电缆。

8）关闭前机舱盖。

4. 散热器出水管的拆装

（1）拆卸散热器出水管

1）打开前机舱盖。

2）拆卸机舱底部护板总成。

3）断开散热器出水管。注意：水管脱开前，需在车底放置容器用来接住防冻液，以免污染地面。

4）断开换热器与散热器连接水管。出水管及换热器与散热器的连接水管如图 4-2-8 所示。

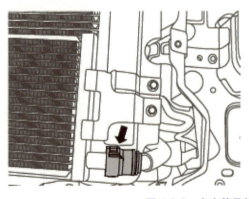
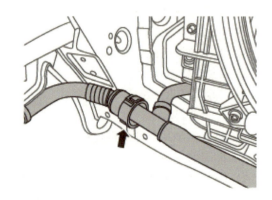

图 4-2-8　出水管及换热器与散热器的连接水管

5）断开水泵与散热器连接水管，如图 4-2-9 所示，取下出水管。

（2）安装散热器出水管

1）放置散热器出水管，连接散热水管。

2）连接换热器与散热器连接水管。

3）连接散热器出水管。

4）加注冷却液。

5）安装机舱底部护板总成。

6）关闭前机舱盖。

5. 散热器进水管的拆装

（1）拆卸散热器进水管

1）打开前机舱盖。

2）拆卸机舱底部护板总成。

3）拆卸环箍，脱开散热器进水管，如图 4-2-10 所示。注意：水管脱开前，需在车底放置容器用以接住防冻液，以免污染地面。

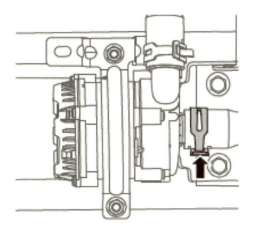

图 4-2-9　水泵与散热器连接水管

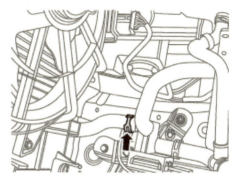

图 4-2-10　散热器进水管环箍

4）断开散热器进水管，取出散热器进水管。散热器进水管如图 4-2-11 所示。注意：水管脱开前，需在车底放置容器用以接住防冻液，以免污染地面。

（2）安装散热器进水管

1）放置散热器进水管。

2）连接散热器进水管。

3）连接散热器进水管，安装环箍。

4）加注冷却液。

5）安装机舱底部护板总成。

6）关闭前机舱盖。

6. 散热器通气软管的拆装

（1）拆卸散热器通气软管

1）打开前机舱盖。

2）拆卸卡箍，脱开散热器通气软管。

3）取下散热器通气软管。注意：水管脱开前，需在车底放置容器用以接住防冻液，以免污染地面。散热器通气软管卡箍如图 4-2-12 所示。

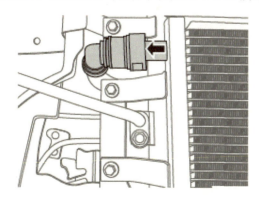

图 4-2-11　散热器进水管

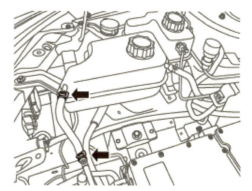

图 4-2-12　散热器通气软管卡箍

（2）安装散热器通气软管。

1）安置散热器通气软管。

2）连接散热器通气软管卡箍。注意：卡箍装配位置应与管路标示线对齐。

3）加注冷却液。

4）关闭前机舱盖。

7. 膨胀罐的拆装

（1）拆卸膨胀罐

> 注意：拆装水管环箍时，应使用专用环箍钳。

1）打开前机舱盖。

2）待冷却液温度低时，打开膨胀罐盖，释放冷却系统中的压力。注意：冷却液处于高温时，暂不执行该操作。

3）拆卸环箍，脱开散热器通气软管（膨胀罐侧，见图4-2-13）。

4）拆卸环箍，脱开加水软管（膨胀罐侧）。

5）拆卸环箍，脱开暖风出水管（膨胀罐侧）。注意：水管脱开前，需在车底放置容器用以接住防冻液，以免污染地面。

6）拆卸膨胀罐前、后安装螺栓，取下膨胀罐。

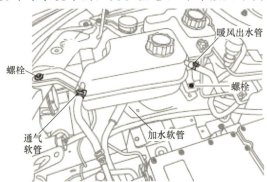

图 4-2-13　膨胀罐拆卸示意图

（2）安装膨胀罐

1）放置膨胀罐，紧固膨胀罐前、后安装螺栓，紧固力矩为9N·m。

2）连接散热器通气软管（膨胀罐侧），安装环箍。

3）连接加水软管（膨胀罐侧），安装环箍。

4）连接暖风出水管（膨胀罐侧），安装环箍。注意：环箍装配位置应与管路标示线对齐。

5）加注冷却液（冰点≤-40℃）。

6）关闭前机舱盖。

8. 加水软管的拆装

（1）拆卸加水软管

> 注意：拆卸或安装水管环箍时，应使用专用环箍钳。

1）打开前机舱盖。

2）拆卸环箍，脱开加水软管（膨胀罐侧）。

3）拆卸环箍，脱开加水软管。

4）取下加水软管。注意：水管脱开前，需在车底放置容器用以接住防冻液，以免污染地面；冷却液处于高温时，暂不执行该操作，以免造成烫伤。加水软管环箍位置如图4-2-14所示。

（2）安装加水软管

1）放置加水软管，连接加水软管（水泵侧）安装环箍。

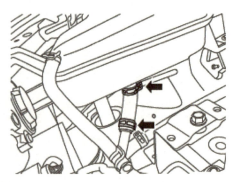

图 4-2-14　加水软管环箍位置

2）连接加热器加水软管（膨胀罐侧），安装环箍。

3）加注冷却液。

4）关闭前机舱盖。

二、动力蓄电池冷却系统日常维护

（一）动力蓄电池冷却系统检查与维护

1. 冷却液液位检查

找到车辆上的膨胀水箱箱体，检测冷却液液面是否处于膨胀水箱箱体的"MAX"与"MIN"之间。若冷却液低于"MIN"刻度，应及时补充冷却液。图 4-2-15 所示为动力蓄电池冷却系统膨胀水箱。

2. 冷却液冰点值检查

使用冷却液冰点测试仪对冷却液冰点值进行检查，检查步骤如下：

1）打开折射仪盖板，滴入 2~3 滴冷却液，合上盖板，让冷却液布满整个棱镜表面，不能留有气泡或者空隙。

2）将折射仪置于光源下通过目镜观察，若不清晰可以进行调节。

图 4-2-15　动力蓄电池冷却系统膨胀水箱

3）读取蓝白分界线的刻度值，即为冷却液冰点。

图 4-2-16 所示为手持式冰点测试仪。冰点测试仪刻度如图 4-2-17 所示。

图 4-2-16　手持式冰点测试仪

3. 冷却系统泄漏检查

检查动力蓄电池冷却系统各管路是否破损，管路环箍是否处在正确位置，各部件与管路连接处有无泄漏现象。

4. 导线检查

检查水泵、冷却液温度传感器、液位传感器等元件的导线是否有老化、破皮等现象。若有，应及时维修。

（二）动力蓄电池冷却系统冷却液更换

以比亚迪 e5 电动汽车为例，进行蓄电池冷却系统冷却液的更换操作。

1. 冷却液排放

1）打开膨胀水箱盖，如图 4-2-18 所示。注意：佩戴护目镜，用抹布盖住水箱盖并小心打开，以免冷却液溢出烫伤。

2）举升车辆至合适位置，将冷却液收集装置置于车下，如图 4-2-19 所示。

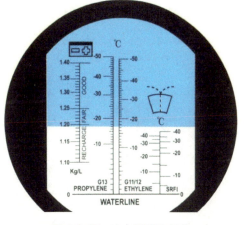

图 4-2-17　冰点测试仪刻度

图 4-2-18 打开膨胀水箱盖

图 4-2-19 举升车辆并放置冷却液收集装置

3）打开冷却液排放阀。若该车型无排放阀，找到冷却系统最低处的管路连接口并断开连接，如图 4-2-20 所示。

2. 冷却系统的清洗

若排放出来的冷却液浑浊或有沉淀物，需要对整个冷却系统进行清洗。其清洗步骤如下：

1）安装放水阀或连接冷却系统管路，如图 4-2-21 所示。

图 4-2-20 打开冷却液排放阀

图 4-2-21 安装动力蓄电池放水阀

2）加注干净的水，添加适量的清洗液至正常液位，如图 4-2-22 所示。

3）使用 VDS2000 进入蓄电池管理系统，让蓄电池冷却水泵工作 5~10min，使清洗液在整个冷却液系统中循环流动。VDS2000 如图 4-2-23 所示。

图 4-2-22 添加清洗液

图 4-2-23 VDS2000

4)排放清洗液。若仍然不干净,重复清洗。

3. 冷却液的加注

1)关闭放水阀或连接冷却系统管路。

2)加注冷却液至正常液位。注意:不同车型的冷却液不能混用,防止引起反应。

3)冷却管路空气排放。连接诊断仪,使用诊断仪中的元件测试功能,让蓄电池冷却水泵工作 20~30min,直至膨胀水箱中冷却液无气泡产生。

4)补充添加冷却液至正常液位。

知识拓展

2021年3月10日,广汽埃安发布了新一代的动力蓄电池安全技术——弹匣电池系统安全技术(简称弹匣电池),官方称该蓄电池在三元锂离子蓄电池的安全方面实现了重大的技术突破,做到了蓄电池包被针刺也不会起火。

广汽埃安的弹匣电池不仅是一种动力蓄电池,还是一套专门提升动力蓄电池安全性的系统性技术。它基于"防止电芯内短路,短路后防止热失控,以及热失控后防止热蔓延"的设计思路打造,并采用了四大核心技术(超高耐热稳定的电芯、超强隔热的蓄电池安全舱、极速降温三维冷却系统以及全时管控的第五代蓄电池管理系统),由内而外防止蓄电池起火。

参 考 文 献

［1］ 李伟，刘强，王军. 新款电动汽车构造原理与故障检修［M］. 北京：化学工业出版社，2018.
［2］ 瑞佩尔. 新能源电动汽车维修资料大全［M］. 北京：化学工业出版社，2018.
［3］ 孙旭，陈社会. 新能源汽车概论［M］. 北京：机械工业出版社，2017.
［4］ 姜顺明. 新能源汽车基础［M］. 北京：北京大学出版社，2015.
［5］ 任春晖，李颖. 新能源汽车辅助系统检修［M］. 北京：机械工业出版社，2018.
［6］ 赵振宁，柴茂荣. 新能源汽车技术［M］. 北京：人民交通出版社，2017.
［7］ 杨效军，朱小菊. 电动汽车结构与原理［M］. 北京：机械工业出版社，2019.
［8］ 敖东光，宫英伟，陈荣梅. 电动汽车结构原理与检修［M］. 北京：机械工业出版社，2019.
［9］ 许云，赵良红. 新能源汽车动力蓄电池及充电系统检修［M］. 北京：机械工业出版社，2018.
［10］ 冯月崧. 新能源汽车充电设施安装与维护［M］. 北京：人民交通出版社，2018.
［11］ 姜久春. 电动汽车充电技术及系统［M］. 北京：北京交通大学出版社，2018.
［12］ 门保全. 电动汽车［M］. 湘潭：湘潭大学出版社，2010.
［13］ 简玉麟. 电动汽车使用与安全防护［M］. 北京：机械工业出版社，2018.
［14］ 蒋鸣雷. 新能源汽车动力蓄电池结构与检修［M］. 北京：机械工业出版社，2018.
［15］ 付于武. 节能与新能源汽车技术路线图［M］. 北京：机械工业出版社，2016.

新能源汽车动力蓄电池及管理系统检修

任务工单

班级_____

学号_____

姓名_____

目 录

项目一　新能源汽车电源系统认知	1

学习任务一　新能源汽车和动力蓄电池发展趋势认知 ……………………………… 1
学习任务二　新能源汽车对动力蓄电池的性能要求认知 ……………………………… 3
学习任务三　新能源汽车电源系统的组成认知 ……………………………… 5

项目二　动力蓄电池的结构、原理与检修 ……………………………… 13

学习任务一　动力蓄电池的结构及工作原理 ……………………………… 13
学习任务二　动力蓄电池组的拆装与检测 ……………………………… 17

项目三　蓄电池管理系统的结构、原理与检修 ……………………………… 21

学习任务一　蓄电池管理系统认知 ……………………………… 21
学习任务二　蓄电池管理系统的控制策略 ……………………………… 29

项目四　动力蓄电池冷却系统认知与维护保养 ……………………………… 33

学习任务一　动力蓄电池冷却系统认知 ……………………………… 33
学习任务二　动力蓄电池冷却系统维护 ……………………………… 37

项目一 新能源汽车电源系统认知

学习任务一　新能源汽车和动力蓄电池发展趋势认知

任务准备

1. 新能源汽车的定义是：_____
   _____。
2. 新能源汽车的分类：_____、_____、_____。
3. 电动汽车与传统内燃机汽车动力来源的区别：_____。

任务实施

一、作业准备

在实训任务开展前，严格按照此步骤对防护装备、绝缘工具、高压危险指示牌等进行检查。

检查方法	检查结果
检查防护用具是否缺失、破损	
检查绝缘工具是否齐全，绝缘胶套是否破损	
检查实训现场是否摆放高压危险指示牌或其他高压警示标识	
如需拆卸维修开关，是否有专人进行保管或特定位置摆放，防止正在维修作业时，其他人员插上维修开关而造成安全事故	

二、作业实施

注意：以下维修作业在涉及高压系统时，原则上不能带电操作。如需检查高压系统，一定要穿戴好个人防护用具，按规范进行检查。

1. 在实车上，指出传统燃油汽车、混合动力汽车、纯电动汽车的动力来源的区别并画出它们的动力传递路线。

_____
_____
_____
_____

2. 收集不同实车上的不同动力蓄电池类型并填写入下表中。

序号	电池类型	汽车型号
1		
2		
3		
4		
5		
6		

3. 你认为未来新能源汽车动力蓄电池的发展趋势是什么？

任务评价

评分项目	评分标准	自我评价			小组评价			教师评价		
		优秀 25分	良好 15分	一般 10分	优秀 25分	良好 15分	一般 10分	优秀 25分	良好 15分	一般 10分
知识目标	1）掌握新能源汽车的定义与类型 2）知道新能源汽车、动力蓄电池的发展趋势									
实践能力	1）能辨别新能源汽车的类型 2）能识别不同类型的新能源汽车与传统内燃机汽车的区别									
职业素养	1）能够查阅维修手册或相关资料准确找到所需知识 2）能够与他人交流或介绍相关内容 3）在工作组内服从分配、担当责任并能协同工作									
工作规范 6S	1）清理及整理工具、量具、车辆，维护整洁实训场地 2）建立安全操作环境 3）物品回收与环保处理 4）检查、完善工作单									
总评	满分100分									

学习任务二　新能源汽车对动力蓄电池的性能要求认知

任务准备

1. 动力蓄电池的电压参数主要有＿＿＿＿＿＿、＿＿＿＿＿＿、＿＿＿＿＿＿、＿＿＿＿＿＿和＿＿＿＿＿＿。
2. 动力蓄电池的容量参数主要有：＿＿＿＿＿＿、＿＿＿＿＿＿、＿＿＿＿＿＿和＿＿＿＿＿＿。
3. ＿＿＿＿＿＿是评价动力蓄电池能否满足电动汽车应用需要的重要指标。
4. 功率密度的大小表征蓄电池所能承受的＿＿＿＿＿＿的大小。
5. 蓄电池常用的＿＿＿＿＿＿越深，其使用寿命就越短，因此在蓄电池使用过程中应尽量避免＿＿＿＿＿＿。
6. 影响动力蓄电池使用寿命的因素主要包括＿＿＿＿＿＿、＿＿＿＿＿＿、＿＿＿＿＿＿、＿＿＿＿＿＿、＿＿＿＿＿＿、＿＿＿＿＿＿以及＿＿＿＿＿＿和＿＿＿＿＿＿等。
7. 动力蓄电池最重要的特点是＿＿＿＿＿＿和＿＿＿＿＿＿。
8. 蓄电池不一致性是指同一规格、同一型号的蓄电池单体组成蓄电池组后，在＿＿＿＿＿＿、＿＿＿＿＿＿及其＿＿＿＿＿＿、＿＿＿＿＿＿、＿＿＿＿＿＿、＿＿＿＿＿＿等参数方面存在的差别。

任务实施

一、作业准备

在实训任务开展前，严格按照此步骤对防护装备、绝缘工具、高压危险指示牌等进行检查。

检查方法	检查结果
检查绝缘工具是否齐全、绝缘胶套是否破损	
检查实训现场是否摆放高压危险指示牌或其他高压警示标识	
如需拆卸维修开关,是否有专人进行保管或特定位置摆放,防止正在维修作业时,其他人员插上维修开关而造成安全事故	

二、作业实施

注意：以下维修作业在涉及高压系统时，不能带电操作。如需检查高压系统，一定要穿戴好个人防护用具，按规范进行检查。

1. 在实车上对吉利帝豪 EV450 纯电动汽车动力蓄电池认知与参数收集，填入下表。

吉利帝豪 EV450 纯电动汽车动力蓄电池		
序号	参数名称	吉利帝豪 EV450 纯电动汽车参数值
1		
2		
3		
4		
5		
6		

2. 吉利帝豪 EV450 纯电动汽车动力蓄电池性能分析，撰写分析报告。

吉利帝豪 EV450 纯电动汽车动力蓄电池性能分析报告

任务评价

评分项目	评分标准	自我评价			小组评价			教师评价		
		优秀 25分	良好 15分	一般 10分	优秀 25分	良好 15分	一般 10分	优秀 25分	良好 15分	一般 10分
知识目标	1)掌握动力蓄电池的类型 2)掌握动力蓄电池的性能参数									
实践能力	1)能辨别汽车动力蓄电池的类型 2)能够收集、获取动力蓄电池的相关性能参数 3)能根据动力蓄电池的参数分析蓄电池性能									
职业素养	1)能够查阅维修手册或相关资料准确找到所需知识 2)能够与他人交流或介绍相关内容 3)在工作组内服从分配、担当责任并能协同工作									
工作规范 6S	1)清理及整理工具、量具、车辆,维护整洁实训场地 2)建立安全操作环境 3)物品回收与环保处理 4)检查完善工作单									
总评	满分100分									

学习任务三　新能源汽车电源系统的组成认知

任务准备

1. 电动汽车动力电源分为主电源和辅助电源,其中主电源是驱动汽车行驶的高压电源,辅助电源是为车载用电器供电的直流低压电源。（　　）

2. 传统燃油汽车的电源分别是蓄电池和发电机,纯电动汽车与其相比,保留了蓄电池,取消了发电机,采用DC/DC变换器代替。（　　）

3. DC/DC变换器的作用是将动力蓄电池的高压电转换成12V低压直流电,给全车用电器供电,也为蓄电池充电。（　　）

4. 大多数电动汽车的12V辅助蓄电池采用铅酸蓄电池,少数电动汽车采用锂离子蓄电池（如比亚迪电动汽车）,其内部装有蓄电池管理器（BMS）。（　　）

5. 纯电动汽车的动力蓄电池系统一般由动力蓄电池组、高压配电单元、动力蓄电池充电系统和DC/DC变换器等部件组成。（　　）

6. 动力蓄电池组用于存储电能和为汽车行驶提供电能。（　　）

7. 动力蓄电池组一般安装于汽车底盘底部。（　　）

8. 动力蓄电池系统主要由动力蓄电池包、蓄电池管理系统、动力蓄电池箱体和辅助元器件等部分组成。（　　）

9. 动力蓄电池系统为电动机、空调压缩机、空调加热器（PTC）、DC/DC变换器等用电设备提供电能。（　　）

10. 动力蓄电池系统作为电动汽车的动力源,主要为整车提供持续、稳定的能量。作为整车的动力来源,其综合性能直接影响整车的续航里程。（　　）

任务实施

一、作业准备

在实训任务开展前,严格按照此步骤对防护装备、绝缘工具、高压危险指示牌等进行检查。

检查方法	检查结果
检查防护用具是否缺失、破损	
检查绝缘工具是否齐全、绝缘胶套是否破损	
检查实训现场是否摆放高压危险指示牌或其他高压警示标识	
如需拆卸维修开关,是否有专人进行保管或特定位置摆放,防止正在维修作业时,其他人员插上维修开关而造成安全事故	

课堂笔记

二、作业实施

注意：以下维修作业在涉及高压系统时，不能带电操作。如需检查高压系统，一定要穿戴好个人防护用具，按规范进行检查。

1. 蓄电池认识。

1）在下图所示的比亚迪 E5 发动机舱中找到蓄电池的安装位置，并正确区分其正、负极。

2）分别匹配下列蓄电池的类型并填入表中。

A. 传统汽车免维护蓄电池　　　B. 电动汽车蓄电池　　　C. 起动铁蓄电池

2. 12V 电源系统认识。

按照下面框图画出 12V 电源系统的连接图。

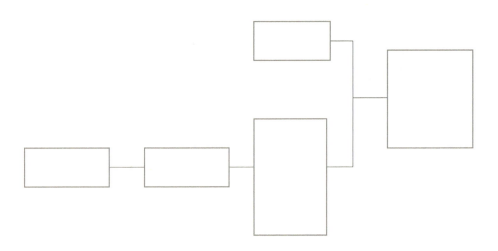

3. DC/DC 转换器安装位置识别。

1）在下图比亚迪汽车 E5 找出 DC/DC 转换器的安装位置。

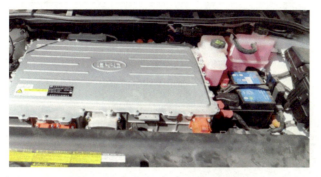

2）在下图吉利帝豪 EV450 纯电动汽车上找出 DC/DC 转换器的安装位置。

4. 动力蓄电池组认识。

1）分别在下图的纯电动汽车、混合动力电动汽车及纯电动客车上找出动力蓄电池组安装位置。

动力蓄电池组位于（　　）

动力蓄电池组位于（　　）

动力蓄电池组位于（　　）

5. 按下列步骤完成辅助蓄电池的拆装。

步骤	是否完成
拆卸步骤	
1) 关闭点火开关	☐是 ☐否
2) 使用小号棘轮扳手、小号长接杆、10号六角套筒拆下辅助蓄电池锁紧带螺栓,取出锁紧带	☐是 ☐否
3) 使用小号棘轮扳手、小号长接杆、10号六角套筒拆下负极螺栓	☐是 ☐否
4) 使用中号棘轮扳手、中号长接杆、13号六角套筒拆下正极螺栓	☐是 ☐否

(续)

步骤	是否完成
5）拔下蓄电池通信线接插件	□是　□否
6）取下蓄电池	□是　□否
安装步骤	
1）放入蓄电池	□是　□否
2）使用中号棘轮扳手、中号长接杆、13号六角套筒安装正极螺栓	□是　□否

（续）

步骤	是否完成
3）使用小号棘轮扳手、小号长接杆、10号六角套筒安装负极螺栓	□是　□否
4）插上蓄电池通信线接插件	□是　□否
5）对准卡槽安装锁紧带，预紧锁紧带螺栓	□是　□否
6）使用小号棘轮扳手、小号长接杆、10号六角套筒拧紧辅助蓄电池锁紧带螺栓	□是　□否

任务评价

评分项目	评分标准	自我评价			小组评价			教师评价		
		优秀 25分	良好 15分	一般 10分	优秀 25分	良好 15分	一般 10分	优秀 25分	良好 15分	一般 10分
知识目标	1）了解电动汽车12V电源系统与传统汽车电源的区别 2）了解电动汽车12V电源系统的组成及结构 3）掌握动力蓄电池的作用、组成及结构									
实践能力	1）正确识别电动汽车12V电源系统 2）了解电动汽车12V电源系统的组成及结构 3）正确认识动力蓄电池									
职业素养	1）能够查阅维修手册或相关资料准确找到所需知识 2）能够与他人交流或介绍相关内容 3）在工作组内服从分配、担当责任并能协同工作									
工作规范 6S	1）清理及整理工具、量具、车辆，维护整洁实训场地 2）建立安全操作环境 3）物品回收与环保处理 4）检查、完善工作单									
总评	满分100分									

项目二　动力蓄电池的结构、原理与检修

学习任务一　动力蓄电池的结构及工作原理

任务准备

一、选择题

1. 镍氢蓄电池也称为（　　）蓄电池。
   A. 酸性蓄电池　　　B. 碱性蓄电池　　　C. 中性蓄电池　　　D. 有机溶液蓄电池
2. 镍氢蓄电池的基本组成有（　　）。
   A. 氢氧化镍正极　　B. 储氢合金负极　　C. 碱性电解液（氢氧化钾水溶液）
3. 单体镍镉蓄电池的额定电压约为（　　）V。
   A. 1.2　　　　　　B. 2　　　　　　　C. 3.2　　　　　　D. 3.7
4. 镍氢蓄电池的形状有方形、圆柱形和扣形等，根据国际电工委员会标准，HF 表示（　　）镍氢蓄电池。
   A. 方形　　　　　　B. 圆柱形　　　　　C. 扣形
5. 用作电动汽车的动力蓄电池时，需要将一定数量的单体镍氢蓄电池（　　）起来，以蓄电池组的方式向驱动电机提供所需的电压。
   A. 串联　　　　　　B. 并联
6. 镍氢蓄电池的容量表示方式通常有（　　）、（　　）和（　　）3种。
   A. 理论容量　　　　B. 额定容量　　　　C. 实际容量
7. 磷酸铁锂离子蓄电池指用（　　）作为正极材料的锂离子蓄电池。
   A. 磷酸铁锂　　　　B. 锰酸锂　　　　　C. 钴酸锂

二、判断题

1. 磷酸铁锂离子蓄电池是目前最安全的锂离子蓄电池，不含任何对人体有害的重金属元素。（　　）
2. 磷酸铁锂离子蓄电池在充电时，正极中的锂离子通过聚合物隔膜向负极迁移；在放电过程中，负极中的锂离子通过隔膜向正极迁移。（　　）
3. 磷酸铁锂离子蓄电池负极由碳（石墨）组成。（　　）
4. 三元锂离子蓄电池又称为三元聚合物锂离子蓄电池，是正极材料使用镍钴锰酸锂或者镍钴铝酸锂的三元正极材料的锂离子蓄电池。（　　）

5. 能量密度指在一定的空间或质量物质中所储存能量的大小。（ ）
6. 三元锂离子蓄电池正极采用三元材料，负极采用碳素材料。（ ）
7. 电解质的类型一般分为非水电解液、聚合物电解质和固体电解质 3 类。（ ）
8. 特斯拉电动汽车动力蓄电池采用的是镍钴铝酸锂的三元正极材料的锂离子蓄电池。
（ ）

任务实施

一、作业准备

在实训任务开展前，严格按照此步骤对防护装备、绝缘工具、高压危险指示牌等进行检查。

检查方法	检查结果
检查防护用具是否缺失、破损	
检查绝缘工具是否齐全、绝缘胶套是否破损	
检查实训现场是否摆放高压危险指示牌或其他高压警示标识	
如需拆卸维修开关，是否有专人进行保管或特定位置摆放，防止正在维修作业时，其他人员插上维修开关而造成安全事故	

二、作业实施

注意：以下维修作业在涉及高压系统时，不能带电操作。如需检查高压系统，一定要穿戴好个人防护用具，按规范进行检查。

1. 在实车或实训台架上认知铅酸蓄电池的组成，并标注在下图中。

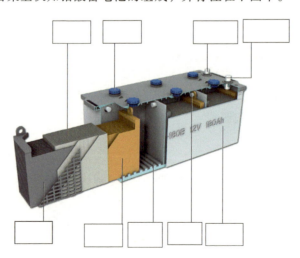

2. 分别匹配下列锂离子蓄电池的类型并填入表中。

A. 圆柱形锂离子蓄电池　　　　B. 长方形锂离子蓄电池
C. 薄板形锂离子蓄电池　　　　D. 纽扣形蓄电池

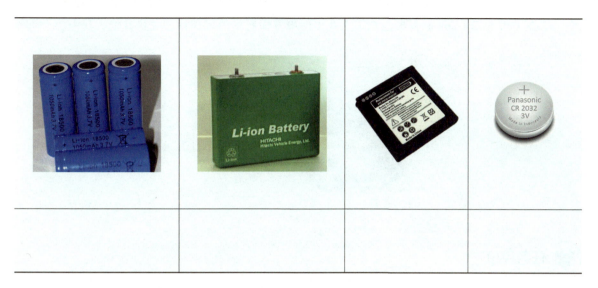

3. 按照下图说明锂离子蓄电池在充、放电过程中锂离子的移动。

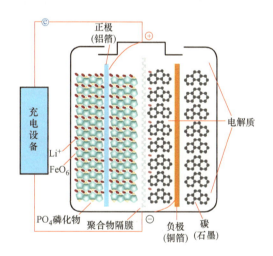

当对动力蓄电池进行充电时，锂离子从_____移动到_____。
当对动力蓄电池进行放电时，锂离子从_____移动到_____。

4. 根据下图说明燃料蓄电池的结构及工作原理，写出方框中所指实物的名称。

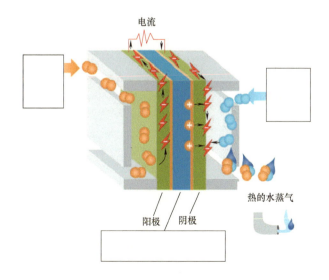

5. 在丰田 FCHV-adv 燃料电池汽车上找出图中方框所指的零部件，并将其填入其中。

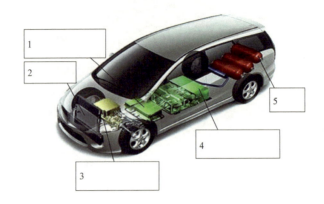

任务评价

评分项目	评分标准	自我评价			小组评价			教师评价		
		优秀 25 分	良好 15 分	一般 10 分	优秀 25 分	良好 15 分	一般 10 分	优秀 25 分	良好 15 分	一般 10 分
知识目标	1）了解各种蓄电池的结构及特点 2）了解各种蓄电池的工作原理									
实践能力	1）能识别各种蓄电池型号 2）能描述各种蓄电池的工作原理									
职业素养	1）能够查阅维修手册或相关资料准确找到所需知识 2）能够与他人交流或介绍相关内容 3）在工作组内服从分配、担当责任并能协同工作									
工作规范 6S	1）清理及整理工具、量具、车辆，维护整洁实训场地 2）建立安全操作环境 3）物品回收与环保处理 4）检查、完善工作单									
总评	满分 100 分									

学习任务二　动力蓄电池组的拆装与检测

任务准备

1. 吉利帝豪 EV450 动力蓄电池紧固螺栓的紧固力矩为（　　）N·m。
   A. 48　　　B. 58　　　C. 78　　　D. 98

2. 动力蓄电池绝缘检查时，测量电阻值除以选择的测量电压，最后结果应大于（　　）Ω/V，表示绝缘良好。
   A. 100　　　B. 300　　　C. 500　　　D. 700

3. 动力蓄电池下高压电步骤包括（　　）。
   A. 关闭点火开关　　　　　　　B. 断开蓄电池负极电缆连接
   C. 拔下维修开关　　　　　　　D. 等待 5~10min

任务实施

一、作业准备

在实训任务开展前，严格按照此步骤对防护装备、绝缘工具、高压危险指示牌等进行检查。

检查方法	检查结果
检查防护用具是否缺失、破损	
检查绝缘工具是否齐全、绝缘胶套是否破损	
检查实训现场是否摆放高压危险指示牌或其他高压警示标识	
如需拆卸维修开关,是否有专人进行保管或特定位置摆放,防止正在维修作业时,其他人员插上维修开关而造成安全事故	

二、作业实施

注意：以下维修作业在涉及高压系统时，不能带电操作。如需检查高压系统，一定要穿戴好个人防护用具，按规范进行检查。

1. 按下列步骤完成吉利帝豪 EV450 蓄电池包的拆装。

拆卸步骤	是否完成
1) 关闭点火开关	□是　□否
2) 打开吉利帝豪 EV450 纯电动汽车前机舱盖	□是　□否
3) 断开蓄电池负极电缆连接	□是　□否
4) 下高压电	□是　□否

(续)

拆卸步骤	是否完成
5）支撑动力蓄电池总成	□是　□否
6）拆卸动力蓄电池总成 ①断开动力蓄电池出水管与水泵（蓄电池）的连接 ②断开动力蓄电池进水管与蓄电池膨胀壶的连接 ③断开动力蓄电池的两个高压线束插接器2 ④断开动力蓄电池与前机舱线束的两个线束插接器1	□是　□否

（续）

拆卸步骤	是否完成
7) 拆卸动力蓄电池搭铁线固定螺栓	□是　□否
8) 拆卸动力蓄电池固定螺栓	□是　□否
9) 缓慢下降平台车取出动力蓄电池总成	□是　□否

2. 按下列步骤完成动力蓄电池包的外观检查。

步骤	是否完成	检查结果
1）举升车辆	□是 □否	□正常 □异常
2）目测动力蓄电池底部有无磕碰、划伤、损坏的现象	□是 □否	□正常 □异常
3）检查动力蓄电池的低压插接件有无变形、松脱、密封及损坏等情况	□是 □否	□正常 □异常
4）检查动力蓄电池的高压插接件有无变形、松脱、密封及损坏等情况	□是 □否	□正常 □异常
5）检查动力蓄电池的铭牌、高压标识有无脱落	□是 □否	□正常 □异常
6）检查动力蓄电池的固定螺栓力矩（吉利帝豪EV450动力蓄电池的固定螺栓拧紧力矩为78N·m）	□是 □否	□正常 □异常

3. 按下列步骤完成动力蓄电池包的绝缘性检测。

步骤	是否完成
1）关闭点火开关	□是 □否
2）断开动力蓄电池负极电缆连接	□是 □否
3）下高压电	□是 □否
4）断开动力蓄电池正、负极端子连接	□是 □否
5）绝缘电阻测试仪校正（短路、开路）	□是 □否
6）选择绝缘电阻测试仪测量电压（大于动力蓄电池包的工作电压）	□是 □否
7）将绝缘电阻测试仪的黑表笔接于车身，红表笔逐个测量动力蓄电池正、负极端子，按下测试按钮	□是 □否
8）测量电阻值除以选择的测量电压，最后结果应大于500Ω/V，表示绝缘良好	□是 □否

任务评价

评分项目	评分标准	自我评价 优秀 25分	自我评价 良好 15分	自我评价 一般 10分	小组评价 优秀 25分	小组评价 良好 15分	小组评价 一般 10分	教师评价 优秀 25分	教师评价 良好 15分	教师评价 一般 10分
知识目标	1）掌握动力蓄电池拆装的步骤 2）了解动力蓄电池拆装过程的注意事项									
实践能力	1）能够使用正确的工具拆卸动力蓄电池 2）能够正确进行动力蓄电池的拆装 3）能够正确进行动力蓄电池的检查及绝缘检测									
职业素养	1）能够查阅维修手册或相关资料准确找到所需知识 2）能够与他人交流或介绍相关内容 3）在工作组内服从分配、担当责任并能协同工作									
工作规范6S	1）清理及整理工具、量具、车辆，维护整洁实训场地 2）建立安全操作环境 3）物品回收与环保处理 4）检查、完善工作单									
总评	满分100分									

项目三 蓄电池管理系统的结构、原理与检修

学习任务一 蓄电池管理系统认知

任务准备

一、判断题

1. 下电模式是整个系统的低压与高压处于不工作状态的模式。（　　）
2. 蓄电池管理系统检测到充电唤醒信号时，系统即进入充电模式。（　　）
3. 辅助蓄电池是整车控制系统的供电来源，当处于充电模式时，DC/DC 变换器接触器的闭合都可使辅助蓄电池处于充电模式。（　　）

二、选择题

1. 动力蓄电池系统一般由（　　）及辅助元器件等组成。
   A. 动力蓄电池包　　B. 动力蓄电池箱　　C. 蓄电池管理系统　　D. 蓄电池冷却装置
2. 蓄电池管理系统（BMS）是采集（　　）等数据的电子器件。
   A. 电压　　B. 电流　　C. 温度　　D. 内阻
3. 蓄电池管理系统（BMS）可以监测蓄电池的（　　）、温度值，通过与 VCU、充电机的通信来控制动力蓄电池系统的充、放电。
   A. 电压　　B. 电流　　C. SOC 值　　D. 绝缘电阻值
4. 动力蓄电池箱的（　　）等设计要求很高。
   A. 散热　　B. 防水　　C. 绝缘　　D. 安全
5. 辅助元器件主要由动力蓄电池组件内部的（　　）、加热继电器与加热熔断器、电流传感器、熔断器、高低压线缆、高低压插接件等组成。
   A. 主正继电器　　B. 主负继电器　　C. 预充继电器　　D. 预充电阻
6. 蓄电池管理系统的功能主要包括（　　）、数据通信、安全管理、能量管理和故障诊断等。
   A. 数据采集　　B. 数据显示　　C. 状态估计　　D. 热管理

任务实施

一、作业准备

在实训任务开展前，严格按照此步骤对防护装备、绝缘工具、高压危险指示牌等进行检查。

检查方法	检查结果
检查防护用具是否缺失、破损	
检查绝缘工具是否齐全、绝缘胶套是否破损	
检查实训现场是否摆放高压危险指示牌或其他高压警示标识	
如需拆卸维修开关,是否有专人进行保管或特定位置摆放,防止正在维修作业时,其他人员插上维修开关而造成安全事故	

二、作业实施

注意：以下维修作业在涉及高压系统时，不能带电操作。如需检查高压系统，一定要穿戴好个人防护用具，按规范进行检查。

1. 按下面步骤完成吉利帝豪 EV450 高压系统断电操作。

操作步骤	是否完成
1) 断开蓄电池负极电缆连接并等待 5min	□是 □否
2) 佩戴绝缘手套拆卸直流母线插接器	□是 □否
3) 使用万用表电压档测量直流母线正、负极电压,应低于1V	□是 □否
4) 断电流程结束	□是 □否

项目三 蓄电池管理系统的结构、原理与检修

2. 按下面步骤完成比亚迪 E5 纯电动汽车蓄电池管理器的更换。

步骤	是否完成
拆卸程序	
1）打开前机舱盖；使用小号棘轮扳手、小号短接杆、10号六角套筒拆卸蓄电池负极电缆连接；拆下维修开关 	□是　□否
2）使用中号棘轮扳手、中号短接杆、15号六角套筒拆卸刮水臂和刮水片 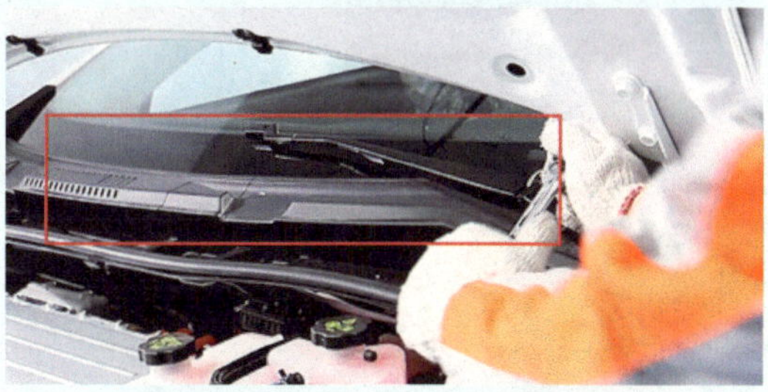	□是　□否
3）拆卸通风盖板（需拆卸子母扣和密封胶条，左、右两侧通风盖板分别拆卸） 	□是　□否
4）使用中号棘轮扳手、中号短接杆、10号六角套筒拆卸刮水器总成 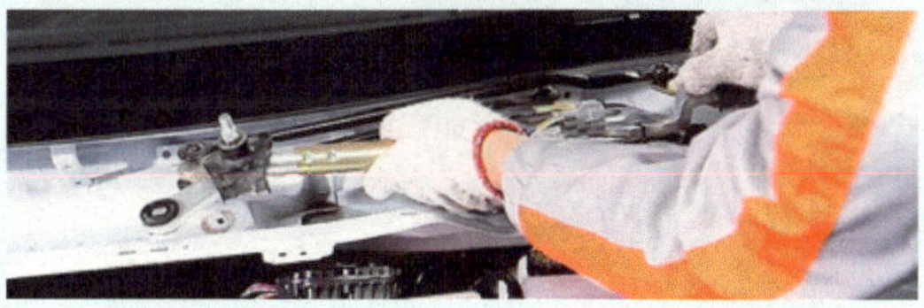	□是　□否
5）使用中号棘轮扳手、中号短接杆、10号六角套筒拆卸通风盖底板 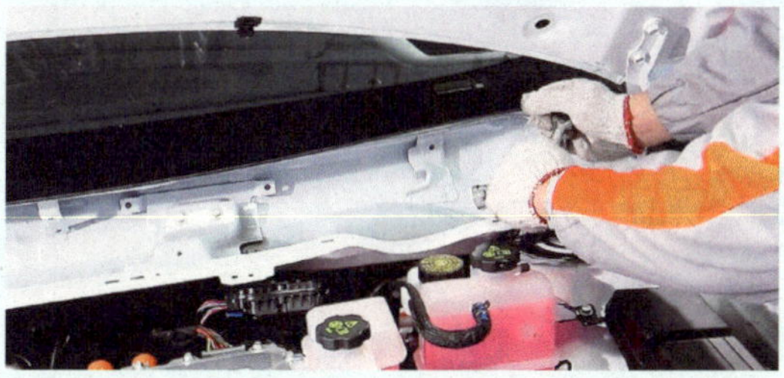	□是　□否

课堂笔记

（续）

步骤	是否完成
6）使用中号棘轮扳手、中号短接杆、10号六角套筒拆卸蓄电池管理器，拔出蓄电池管理器接插件，取下蓄电池管理器	□是　□否
安装程序	
1）使用中号棘轮扳手、中号短接杆、10号六角套筒安装蓄电池管理器	□是　□否
2）插上蓄电池管理器接插件	□是　□否
3）安装通风盖底板并使用中号棘轮扳手、中号短接杆、10号六角套筒拧紧	□是　□否

（续）

步骤	是否完成
4）安装刮水器总成并使用中号棘轮扳手、中号短接杆、10号六角套筒拧紧 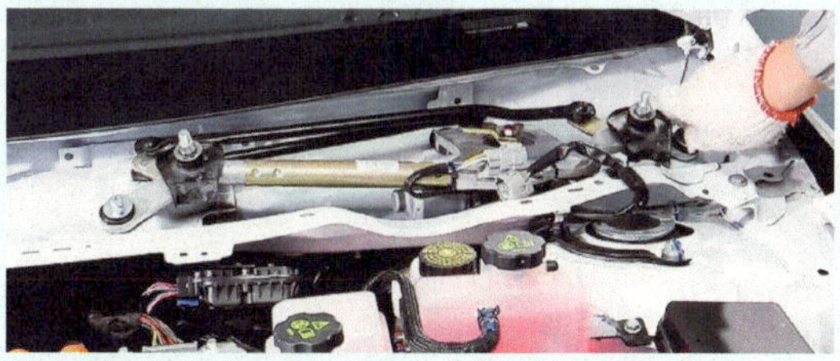	□是　□否
5）安装通风盖板及密封胶条 	□是　□否
6）使用中号棘轮扳手、中号短接杆、15号六角套筒安装刮水臂和刮水片 	□是　□否
7）使用小号棘轮扳手、小号短接杆、10号六角套筒安装维修开关，连接蓄电池负极	□是　□否
8）检查安装蓄电池能否上电、刮水器能否正常工作 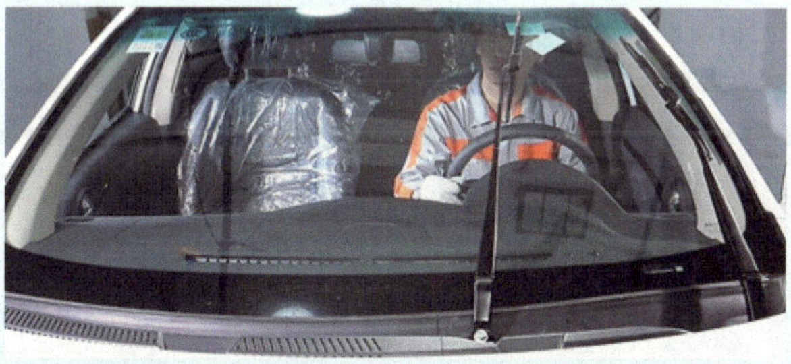	□是　□否

3. 检查线束绝缘性。

操作步骤	是否正常
1）按动△调节测试绝缘电阻测试档位至1000V，按TEST键后调节测试时间为10s 	□是　□否

项目三　蓄电池管理系统的结构、原理与检修

25

(续)

操作步骤	是否正常
2）连接车载充电机线束直流母线端子和线束绝缘层，测量两者间的绝缘电阻值。标准要求：不小于20MΩ。	□是　□否
3）连接车载充电机直流母线线束绝缘层和车身搭铁点，测量两者间的绝缘电阻值。标准要求：不小于20MΩ	□是　□否
4）连接车载充电机线束直流母线端子和车身搭铁点，测量两者间的绝缘电阻值。标准要求：不小于20MΩ。	□是　□否
5）若检测异常，需更换线束	□是　□否

任务评价

评分项目	评分标准	自我评价			小组评价			教师评价		
		优秀 25分	良好 15分	一般 10分	优秀 25分	良好 15分	一般 10分	优秀 25分	良好 15分	一般 10分
知识目标	1）知道蓄电池系统的作用及组成 2）知道电池管理系统的功能及工作模式 3）知道常见品牌电动汽车动力蓄电池管理系统									
实践能力	1）能准确讲述动力蓄电池系统的作用及组成 2）能准确讲述电池管理系统的功能及工作模式 3）能正确讲述常见品牌电动汽车动力蓄电池管理系统的区别									
职业素养	1）能够查阅维修手册或相关资料准确找到所需知识 2）能够与他人交流或介绍相关内容 3）在工作组内服从分配、担当责任并能协同工作									

（续）

评分项目	评分标准	自我评价			小组评价			教师评价		
		优秀 25分	良好 15分	一般 10分	优秀 25分	良好 15分	一般 10分	优秀 25分	良好 15分	一般 10分
工作规范 6S	1）清理及整理工具、量具、车辆，维护整洁实训场地 2）建立安全操作环境 3）物品回收与环保处理 4）检查、完善工作单									
总评	满分100分									

学习任务二　蓄电池管理系统的控制策略

任务准备

一、判断题

1. 由于动力蓄电池荷电状态（SOC）是非线性的，并且受到多种因素的影响，导致蓄电池电量估计和预测方法复杂，准确估计 SOC 比较困难。（　　）

2. 当充、放电电流大于额定充、放电电流时，可充、放电容量低于额定容量；反之，当充、放电电流小于额定充、放电电流时，可充、放电容量大于额定容量。（　　）

3. 不同温度下蓄电池组的容量存在着一定的变化，温度段的选择及校正因素直接影响蓄电池的性能和可用电量。（　　）

4. 蓄电池的容量在循环过程中会逐渐减少，因此对电量的校准条件需要不断变化，这是影响模型精度的一个重要因素。（　　）

5. 准确控制蓄电池 SOC 范围，可避免蓄电池过充电和过放电。（　　）

6. SOC 不准确，蓄电池性能不能充分发挥，整车性能降低。（　　）

7. 均衡管理有助于蓄电池容量的保持和放电深度的控制。（　　）

8. 被动均衡主要让蓄电池组内能量较高的蓄电池，利用其旁路电阻进行放电的方式损耗部分能量，以期达到蓄电池组能量状态的一致。（　　）

9. 被动均衡以损耗蓄电池组能量为代价，并且由于生热问题导致均衡电流不能过大，适用于小容量蓄电池系统，以及能量能够及时得到补充的系统，如混合动力电动汽车。（　　）

10. 主动均衡本质上是利用储能元件和均衡旁路构建能量传递通道，将其从能量较高的蓄电池直接或间接转移到能量较低的蓄电池。（　　）

11. 主动均衡效率高，能量转移而不是被消耗，但结构复杂带来成本的上升。（　　）

12. 高压互锁的目的主要是确认整个高压系统的完整性，当高压系统回路断开或者完整性受到破坏的时候，蓄电池管理系统必须启动高压安全保护措施。（　　）

13. 高压互锁装置采用低压导线作为信号线，与高压电源线并联在高压线束护套管内，并将所有高压部件串联起来形成回路。（　　）

二、选择题

1. 根据均衡过程中所传递能量的处理方式不同，均衡电路可以分为（　　）。
 A. 被动均衡　　　　　　　B. 能量耗散型均衡
 C. 主动均衡　　　　　　　D. 非能量耗散型

2. 削高填低的均衡包括（　　）。
 A. 电容式均衡　　　　　　B. 电感式均衡
 C. 变压器式均衡　　　　　D. 并联式均衡

3. 安全管理系统的功能主要包括（　　）和过电流控制、过放电控制、防止温度过高、在发生碰撞的情况下关闭电源等。
 A. 烟雾报警　　　　　　　B. 绝缘检测
 C. 自动灭火　　　　　　　D. 过电压

4. 安全保护作为整个蓄电池管理系统最重要的功能，主要包括（　　）。
 A. 过电流保护　　　　　　B. 过充、过放保护

C. 过温保护 D. 绝缘监测

5. 蓄电池内热传递方式主要有（   ）。

   A. 热传导 B. 对流换热 C. 辐射换热

6. 按照传热介质不同，可将蓄电池组热管理系统分为（   ）。

   A. 空冷 B. 液冷 C. 相变材料冷却

7. 蓄电池管理系统数据采集的对象一般为（   ）。

   A. 电压 B. 电流 C. 温度 D. 内阻

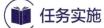 任务实施

一、作业准备

在实训任务开展前，严格按照此步骤对防护装备、绝缘工具、高压危险指示牌等进行检查。

检查方法	检查结果
检查防护用具是否缺失、破损	
检查绝缘工具是否齐全、绝缘胶套是否破损	
检查实训现场是否摆放高压危险指示牌或其他高压警示标识	
如需拆卸维修开关，是否有专人进行保管或特定位置摆放，防止正在维修作业时，其他人员插上维修开关而造成安全事故	

二、作业实施

注意：以下维修作业在涉及高压系统时，不能带电操作。如需检查高压系统，一定要穿戴好个人防护用具，按规范进行检查。

1. 按下面步骤完成比亚迪 e5 的 VTOG 和 BMS 间高压互锁检测。

测量位置和步骤	是否完成
1）拔出 VTOG64 Pin 插接器，将插针器插入端子 19	□是　□否
2）拔出 BMS 插接器 G2R，将插针器插入端子 17	□是　□否
3）用万用表电阻档测量两个端子间的电阻值。标准：小于 1Ω	□是　□否

2. 按下面步骤完成比亚迪 e5 的 VTOG 和 PTC 间高压互锁检测。

测量位置和步骤	是否完成
1）拔出 VTOG 33Pin 插接器，将插针器插入端子 22	□是　□否
2）拔出 PTC 加热器高压互锁插接器，将插针器插入端子 17	□是　□否
3）使用万用表电阻档测量端子 2 与 VTOG 的端子 22 间的电阻值。标准：小于 1Ω	□是　□否

3. 按下面步骤完成比亚迪 e5 的 VTOG 和蓄电池包插接器间高压互锁检测。

测量位置和步骤	是否完成
1）拔出 VTOG33P 插接器，将插针器插入 VTOG33Pin 插接器端子 23	□是　□否
2）拔出蓄电池包插接器，测量端子 14 与 VTOG 的端子 23 间的电阻值	□是　□否
3）用万用表电阻档测量两个端子间的电阻值。标准：小于 1Ω	□是　□否

4. 按下面步骤完成比亚迪 e5 的蓄电池管理器的动力 CAN 波形检测。

操作步骤	是否正常
1)示波器1号通道信号测试针连接蓄电池管理器动力网CAN-H,接地钩连接端子B6	□是　□否
2)示波器2号通道信号测试针连接蓄电池管理器动力网CAN-L,接地钩连接端子B6	□是　□否

任务评价

评分项目	评分标准	自我评价 优秀 25分	自我评价 良好 15分	自我评价 一般 10分	小组评价 优秀 25分	小组评价 良好 15分	小组评价 一般 10分	教师评价 优秀 25分	教师评价 良好 15分	教师评价 一般 10分
知识目标	1)知道动力蓄电池的电量管理策略 2)知道动力蓄电池均衡管理的类型及工作原理 3)知道蓄电池管理系统的安全管理及数据采集策略									
实践能力	1)能准确讲述动力蓄电池的电量管理策略 2)能准确识别动力蓄电池均衡管理的类型及工作原理 3)能正确讲述蓄电池管理系统的安全管理及数据采集策略 4)能对蓄电池管理系统常见故障进行故障诊断与排除									
职业素养	1)能够查阅维修手册或相关资料准确找到所需知识 2)能够与他人交流或介绍相关内容 3)在工作组内服从分配、担当责任并能协同工作									
工作规范 6S	1)清理及整理工具、量具、车辆,维护整洁实训场地 2)建立安全操作环境 3)物品回收与环保处理 4)检查、完善工作单									
总评	满分100分									

项目四 动力蓄电池冷却系统认知与维护

学习任务一 动力蓄电池冷却系统认知

任务准备

1. 动力蓄电池冷却系统有风冷却和水冷却两种冷却方式。（　　）
2. 动力蓄电池工作环境温度在50℃及以上时都会明显加速衰老，150℃以上则会引发蓄电池热失控。（　　）
3. 风冷式动力蓄电池冷却系统利用散热风扇将来自车厢内部的空气吸入动力蓄电池箱，利用风的循环流动带走动力蓄电池及蓄电池系统控制单元等部件的热量。（　　）
4. 动力蓄电池在充电、放电过程中产生的热量主要有蓄电池化学反应生热、蓄电池极化生热、过充电副反应生热以及内阻焦耳热。（　　）
5. 散热器的结构形式可分为直流式和横流式两类。（　　）
6. 风冷式动力蓄电池冷却系统有串行通风和并行通风等几种散热方式，同等条件下，串行通风散热方式要比并行通风散热方式好。（　　）
7. 水冷式冷却系统拥有较好的冷却效果，并且由于液体均匀流动的缘故，可以使动力蓄电池组的温度分布均匀。（　　）
8. 空调循环冷却式冷却系统在普通水冷式冷却系统的基础上，将制冷剂循环回路与空调系统连通，散热效果可以调节。（　　）
9. 电动水泵的功能主要是对冷却液进行加压，保证其在冷却系统中能够不间断地循环流动。（　　）
10. 蓄电池热管理器的主要作用是控制空调制冷系统参与到动力蓄电池的冷却过程中。（　　）

任务实施

一、作业准备

在实训任务开展前，严格按照此步骤对防护装备、绝缘工具、高压危险指示牌等进行检查。

检查方法	检查结果
检查防护用具是否缺失、破损	
检查绝缘工具是否齐全，绝缘胶套是否破损	
检查实训现场是否摆放高压危险指示牌或其他高压警示标识	
如需拆卸维修开关，是否有专人进行保管或特定位置摆放，防止正在维修作业时，其他人员插上维修开关而造成安全事故	

二、作业实施

注意：以下维修作业在涉及高压系统时，不能带电操作。如需检查高压系统，一定要穿戴好个人防护用具，按规范进行检查。

1. 根据下图，写出水泵插接件端子含义。

端子1：	端子3：
端子2：	端子4：

2. 查看比亚迪 e5 蓄电池冷却水泵控制电路图。在实车上找到对应的蓄电池冷却水泵熔丝及蓄电池冷却水泵继电器。

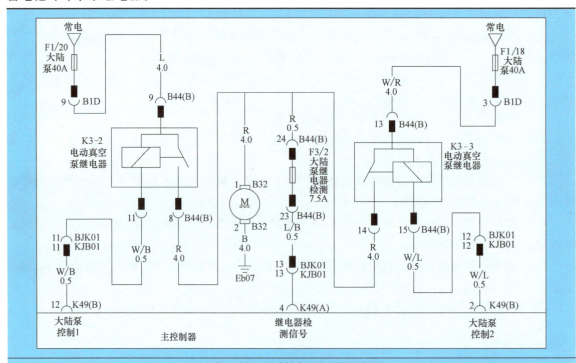

实物上对蓄电池冷却水泵继电器的检测			
端子	电阻值/Ω	状态	是否正常
85-86			□是 □否
85-88			□是 □否
85-88a			□是 □否
86-88			□是 □否
86-88a			□是 □否
88-88a		85-86 不通电时	□是 □否
88-88a		85-86 通电时	□是 □否

3. 蓄电池冷却系统处于较低温度时，冷却液泵_____；温度上升后，冷却液泵_____。

4. _____用于控制蓄电池冷却系统电动水泵，在蓄电池温度上升到32.5℃时开启，在温度低于27.5℃时关闭。_____发出要求蓄电池冷却器膨胀阀关闭和水泵运转的信号。

任务评价

评分项目	评分标准	自我评价			小组评价			教师评价		
		优秀 25分	良好 15分	一般 10分	优秀 25分	良好 15分	一般 10分	优秀 25分	良好 15分	一般 10分
知识目标	1）掌握动力蓄电池冷却系统的工作原理 2）掌握动力蓄电池冷却系统的控制原理 3）掌握动力蓄电池冷却系统的控制逻辑									
实践能力	1）能准确地描述动力蓄电池冷却系统的功能 2）能正确地说出动力蓄电池冷却系统的部件组成									
职业素养	1）能够查阅维修手册或相关资料准确找到所需知识 2）能够与他人交流或介绍相关内容 3）在工作组内服从分配、担当责任并能协同工作									
工作规范 6S	1）清理及整理工具、量具、车辆，维护整洁实训场地 2）建立安全操作环境 3）物品回收与环保处理 4）检查、完善工作单									
总评	满分100分									

学习任务二　动力蓄电池冷却系统维护

📱 任务准备

1. 高压作业前，必须摘除身上一切可能导电的金属物品，如戒指、钢笔、手机、手表等。若这些物品未摘除，则不能进行高压维修作业。（　　）
2. 绝缘防护用品在使用前，需要确认其完好性及正常使用性。（　　）
3. 耐压范围为 15kV 工作电压以下的绝缘鞋应在工频 50~60Hz、1000V 以下的作业环境中使用，15kV 以上的则适用于 1000V 以上的作业环境。（　　）
4. 冷却风扇总成拆装过程中，线束插接器应可靠固定到风扇外壳支架上，以免卷入风扇内。（　　）
5. 拆卸冷却风扇总成与散热器固定螺栓时，在水管脱开前，需在车辆底部放置容器用以接住防冻液，以免污染地面。（　　）
6. 当动力蓄电池膨胀水箱中的冷却液液面高于"MAX"刻度时，说明冷却液不足，需要为冷却系统补充冷却液。（　　）
7. 冷却液冰点测试仪读取刻度时，读取蓝白分界线的刻度值即为冷却液冰点。（　　）
8. 加注冷却液时，不同车型的冷却液可以混用，因为成分相同。（　　）

📖 任务实施

一、作业准备

在实训任务开展前，严格按照此步骤对防护装备、绝缘工具、高压危险指示牌等进行检查。

检查方法	检查结果
检查防护用具是否缺失、破损	
检查绝缘工具是否齐全、绝缘胶套是否破损	
检查实训现场是否摆放高压危险指示牌或其他高压警示标识	
如需拆卸维修开关，是否有专人进行保管或特定位置摆放，防止正在维修作业时，其他人员插上维修开关而造成安全事故	

二、作业实施

注意：以下维修作业在涉及高压系统时，不能带电操作。如需检查高压系统，一定要穿戴好个人防护用具，按规范进行检查。

1. 动力蓄电池冷却系统的检查与维护。

检测冷却液液位	零件安装位置	检查结果
1）检测冷却液液位		
		□异常　□正常

(续)

检测冷却液液位	零件安装位置	检查结果
在上图中标出液位"MAX"和"MIN"线		
2)检测冷却液冰点值		
	测量步骤： ①用柔软的绒布将盖板及棱镜表面擦拭干净 ②将待测液体滴入测试表面	测量值： 请读取右图显示值：
测量当前设备冷却液冰点：		□异常 □正常
3)检查冷却系统有无泄漏现象		
检查冷却系统各管路和各部件连接口处有无泄漏现象		□异常 □正常
4)检查导线		
检查水泵、冷却液温度传感器、液位传感器等元件的导线是否有老化、破皮等现象。若有，应及时维修		□异常 □正常

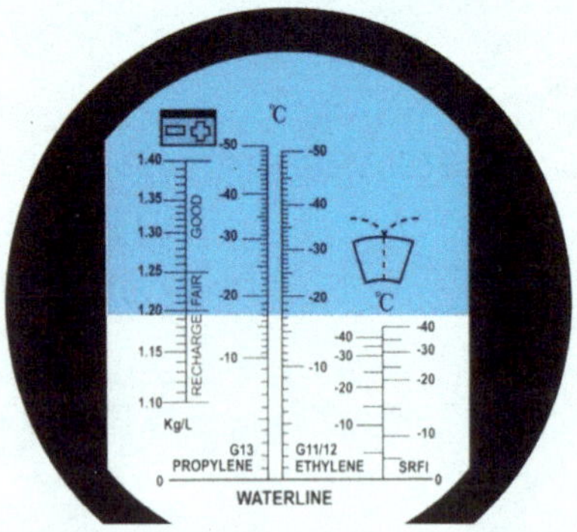

2. 动力蓄电池冷却系统冷却液的更换。

测量位置和步骤	是否完成
1)排放冷却液	
①打开动力蓄电池膨胀水箱盖	□是 □否
②将冷却液收集装置置于车下	□是 □否
③拧开冷却液排放阀，若该车型无排放阀，找到冷却系统最低处的管路连接口并断开连接	□是 □否
2)清洗冷却系统	
①使动力蓄电池冷却水泵工作5~10min，使清洗液在整个冷却液系统中循环	□是 □否
②关闭放水阀或连接冷却系统管路	□是 □否
③排放清洗液。若仍然不干净，重复清洗	□是 □否
④加注干净的水，添加适量的清洗液至正常液位	□是 □否
3)加注冷却液	
①排放冷却管路空气：使动力蓄电池冷却水泵工作2~3min，直至膨胀水箱中冷却液无气泡产生	□是 □否
②关闭放水阀或连接冷却系统管路	□是 □否
③加注冷却液至正常液位	□是 □否
④补充添加冷却液至正常液位	□是 □否

任务评价

评分项目	评分标准	自我评价			小组评价			教师评价		
		优秀 25分	良好 15分	一般 10分	优秀 25分	良好 15分	一般 10分	优秀 25分	良好 15分	一般 10分
知识目标	1)掌握动力蓄电池冷却系统的维护流程 2)掌握各绝缘用具的用途									
实践目标	1)能够正确地佩戴、使用绝缘防护用具 2)能够正确地拆装动力蓄电池冷却系统的部件 3)能够完成动力蓄电池冷却系统维护流程									
职业素养	1)能够查阅维修手册或相关资料准确找到所需知识 2)能够与他人交流或介绍相关内容 3)在工作组内服从分配、担当责任并能协同工作									
工作规范 6S	1)清理及整理工具、量具、车辆,维护整洁实训场地 2)建立安全操作环境 3)物品回收与环保处理 4)检查、完善工作单									
总评	满分100分									